AF185767

Hallo liebe Schülerin, lieber Schüler,

Grammatik kann auch Spaß machen!

Die *99 grammatischen Übungen* sind genau das Richtige für dich, wenn du mit *Découvertes Série bleue 1* und *2* arbeitest. Sie ermöglichen dir, die Grammatikthemen deines Schülerbuches in der Reihenfolge der *Unités* systematisch zu wiederholen.

Zu jedem grammatischen Schwerpunkt wird mindestens eine Aufgabe angeboten. Der grammatische Stoff wird in vielen spielerischen Aufgaben-formen geübt (Wortgitter, Rätsel, Zuordnungsübungen, Multiple-Choice …). Viele nützliche Tipps machen das Üben und Lernen leichter und erfolgreicher und helfen dir selbstständig zu arbeiten. Die Lösungen am Ende des Heftes erlauben außerdem eine zuverlässige Kontrolle deiner Ergebnisse.

Am Ende jeder *Unité* kannst du mithilfe einer *Tout compris-Seite* die grammatischen Themen noch einmal kurz testen und selbst einschätzen, welche du noch weiter üben musst. In einer Tabelle (siehe Beispiel unten) kannst du außerdem selber eintragen, ob du mit den vorgegebenen grammatischen Punkten zurechtgekommen bist ☺ und welche gezielt zu wiederholen sind ☹. Weitere Lerntipps unterstützen dich dabei, diese grammatischen Schwerpunkte zu festigen.

Bon courage!

Die Autoren

Ich kann schon …	☺	GBH	Lerntipps
… den unbestimmten Artikel **un, une** verwenden.	😊	G 1	Um dir das Geschlecht der Nomen zu merken, lerne Nomen immer mit dem unbestimmten Artikel.
… das Verb **être** im Singular und im Plural verwenden.	🙁	G 2 G 4	Merke dir besonders folgende Formen, weil sie gleich klingen: tu **es** und il **est**.
… den bestimmten Artikel **le, la, l'** verwenden.	😐	G 3	Denke bei dem bestimmten Artikel an das **l'**, wenn ein Nomen mit einem Vokal oder „stummem h" beginnt.
… Verben auf **-er** verwenden.	😐	G 5	Bei den Verben auf **-er** präge dir besonders die 3 Formen des Singulars und die 3. Person des Plurals ein. Sie werden gleich ausgesprochen, aber unterschiedlich geschrieben!
… einfache Fragen stellen.	😐	G 6	Bei Fragen ohne Fragewort (Entscheidungsfragen) ist die Antwort immer „ja" oder „nein".

Découvertes Band 1

Découvertes Band 2

1 Un, une

→ Der unbestimmte Artikel Singular G 1

*Trouve les mots, puis ajoute l'article indéfini. (Finde die Wörter und schreibe sie anschließend mit dem unbestimmten Artikel **un** oder **une** auf.)*

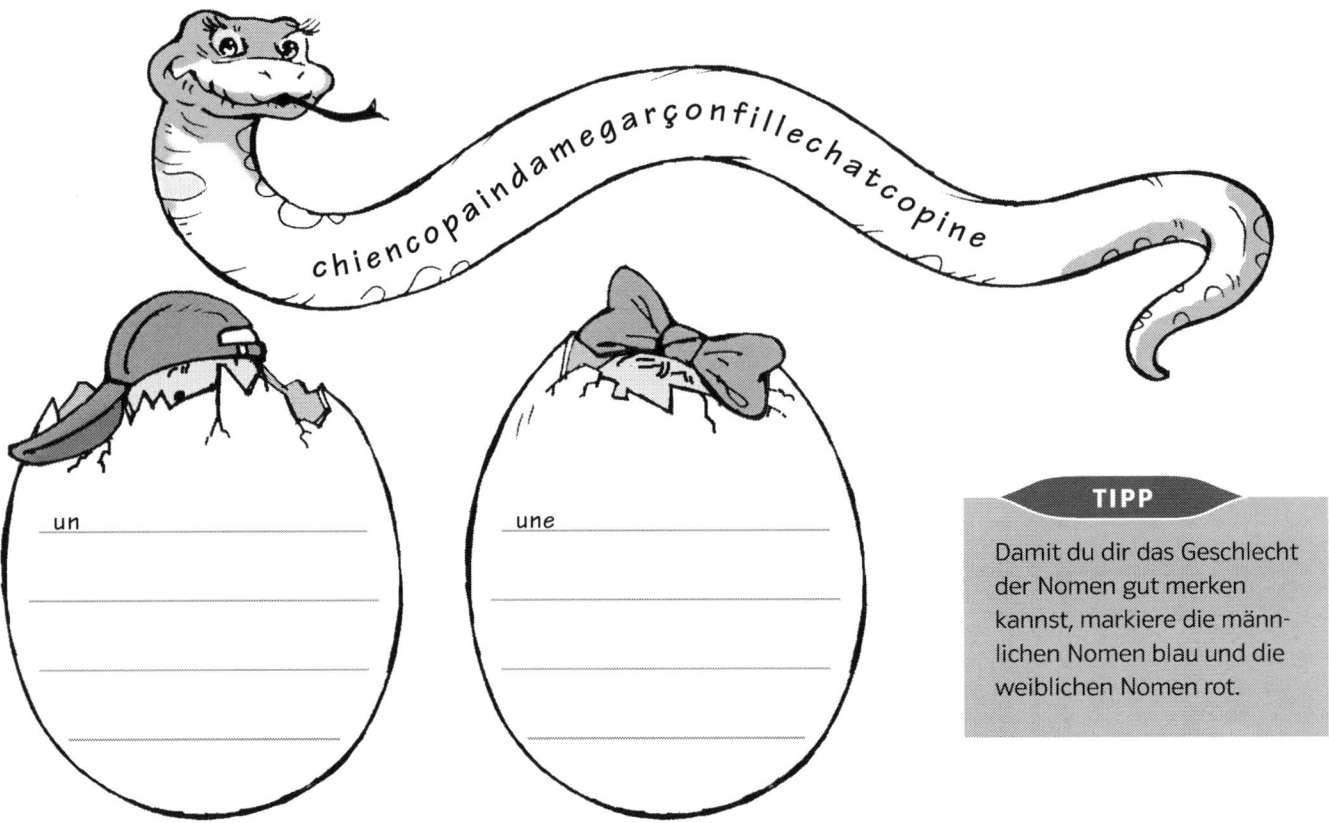

chiencopaindamegarçonfillechatcopine

un _____

_____

_____

_____

une _____

_____

_____

_____

TIPP

Damit du dir das Geschlecht der Nomen gut merken kannst, markiere die männlichen Nomen blau und die weiblichen Nomen rot.

2 Tu es de Paris?

→ Das Verb **être** und die Personalpronomen (Singular) G 2

A *Mets la bonne forme du verbe **être**. (Setze die Form von **être** ein.)*

1. Salut Julie, tu _____ de Toulouse?

 – Non, je _____ de Brest.

2. Voilà Zoé. Elle _____ de Paris.

 Louis _____ aussi de Paris.

Louis

Julie

B *Oui ou non? Regarde les dessins et réponds aux questions. Mets le bon **pronom personnel**.
(Schau dir die Bilder an und antworte auf die Fragen. Setze das Personalpronomen ein.)*

1. Julie est de Brest? – *Oui, elle* _____ .

2. Louis est de Strasbourg? – _____ .

3. Léa est de Nice? – _____ .

Léa

3 On cherche les mots.

→ Der bestimmte Artikel Singular G 3

*Trouve les mots et ajoute l'article défini. (Finde die Wörter. Sie sind von hinten nach vorne geschrieben. Ergänze den bestimmten Artikel **le**, **la** oder **l'**.)*

TIPP

Beginnt das Nomen mit Vokal, nimm **l'**, da hast du keine Wahl!

1. NOTRAC
2. ENIPOC
3. ELOCÉ
4. RUEISNOM
5. IMA
6. EUR
7. NIAPOC
8. EMAD

le carton

_____

_____

_____

_____

_____

_____

_____

4 Un, une ou le, la, l'?

→ Der bestimmte und unbestimmte Artikel Singular G 1, 3

Qu'est-ce que c'est? (Was ist das? Schreibe Sätze mit dem bestimmten und unbestimmten Artikel.)

Lucie

Nicolas

1. Qui est-ce?

C'est Snoopy. C'est un chien.

C'est le chien de Lucie.

2. Qui est-ce?

C'est Minou. C'est _____.

C'est _____.

Amélie

Paul

3. Qu'est-ce que c'est?

_____.

_____.

4. _____.

_____.

5 Léo et Malabar

Complète le texte avec l'article défini ou indéfini.
(Vervollständige den Text mit dem bestimmten
oder dem unbestimmten Artikel.)

→ Der bestimmte und unbestimmte Artikel Singular G 1, 3

TIPP

Insgesamt solltest du 6 bestimmte Artikel (**le, la, l'**) und
5 unbestimmte Artikel (**un, une**) finden.

Léo est dans _____ magasin de Mme Latière avec Malabar. Il cherche _____ cahier et

_____ gomme pour _____ école. _____ dame entre dans _____

magasin avec _____ carton. C'est Mme Truc, _____ amie de Mme Latière. Elle arrive avec

_____ chat. Malabar regarde _____ chat. «Ouah! Ouah!» *Léo:* «Malabar, viens ici!»

Ah non! C'est _____ catastrophe!

6 On est de Paris.

→ Das Verb **être** und die Personalpronomen G 4

A Cherche les formes du verbe **être**.
(Finde die Formen von **être** und schreibe sie in die Zeilen.)

C	F	S	K	M	S	T	Z	E
N	T	O	N	G	S	S	W	T
S	N	M	D	H	C	O	S	E
X	B	M	J	Q	H	N	S	S
Q	M	E	C	E	D	T	H	J
W	S	S	B	S	S	A	S	F
R	Q	W	N	D	E	S	T	D
T	W	M	M	A	C	F	M	B
S	U	I	S	Y	A	C	V	D

1. je _____

2. tu _____

3. il/elle _____

4. nous _____

5. vous _____

6. ils/elles _____

B Complète les phrases avec le bon pronom personnel *il, elle, ils* ou *elles*.
(Ergänze die Sätze mit dem passenden Personalpronomen.)

1. Voilà Lucie.

_____ est de Paris.

2. Voilà Manon et Amélie.

_____ sont aussi de Paris.

3. Et voilà Elise et Nicolas.

_____ sont de Strasbourg.

4. Ça, c'est Pierre et Justin.

_____ sont de Marseille.

7 Je cherche ... et je trouve

→ Die Verben auf **-er** G 5

A *Trouve les infinitifs et complète le tableau avec les bonnes formes des verbes.*
(Finde den Infinitiv der Verben und ergänze dann die fehlenden Formen.)

DERRGARE   REÉCUOT   LLREVAITRA

1. regarder   **2.** _____   **3.** _____

je _____   tu _____   nous _____

vous _____   ils _____   on _____

B *Complète le texte. (Vervollständige den Text mit der passenden Form der vorgegebenen Verben.)*

Marie _____ dans le magasin de Mme Latière avec Léo. Voilà Mme Latière.

Marie: Bonjour, madame. Nous _____ Alex. Elle est ici?

Mme Latière: Oui, elle est ici avec une copine. Elles _____ une chanson.

Vous _____ aussi les chansons?

Marie: Léo, toi, tu _____ le rock. Moi j' _____

les chansons pop.

Léo: Et moi, je _____ les chansons pop.

entrer
chercher
écouter
aimer
aimer / aimer
détester

8 Qui est-ce? Qu'est-ce que c'est?

→ Fragen stellen (I) G 6

A *Réponds aux questions. (Beantworte die Fragen.)*

– Bonjour, tu t'appelles comment? – _____ Louise.

– Tu es de Paris? – Non, _____ de Reims.

– Tu aimes Paris? – Oui, _____ .

– Et là, qui est-ce? – _____ Thomas, un copain.

B *Quelle réponse va avec quelle question? Relie les phrases.*
(Welche Antwort passt zu welcher Frage? Verbinde die Sätze.)

1. Salut. Tu es de Paris?   **a)** Il cherche Minou.

2. Que fait Thomas?   **b)** Oui, Pierre est le frère de Manon.

3. Qu'est-ce que c'est?   **c)** Non, je suis de Brest.

4. Ils sont frère et sœur?   **d)** Non, elle cherche Moustique.

5. Marie cherche aussi Minou?   **e)** C'est une affiche.

Tout compris?

A *Complète le dialogue avec les mots. (Vervollständige den Dialog mit folgenden Wörtern.)*

– Bonjour, tu _____ comment?

– Moi, je _____ Romain.

– Salut Romain. Moi, _____ m'appelle Emma.

– Tu _____ de Paris?

– Non, je _____ de Toulouse.

– Et là, _____ ?

– C'est Julie, _____ copine. Et voilà Minou. C' _____ le chat de Julie.

– Attention! Voilà _____ chien!

– Oui, c'est Rex. C'est _____ chien de Thomas et _____ est bizarre …

t'appelles suis est je le qui est-ce es suis une un il

B *Coche la bonne réponse. (Kreuze die richtige Antwort an.)*

1. Anne ? de Toulouse.

☐ est
☐ es
☐ suis

2. Léo ? dans le magasin.

☐ travailles
☐ travaillent
☐ travaille

3. Marie, tu ? Alex?

☐ cherche
☐ cherches
☐ cherchent

4. Léo et Marie sont de Paris ?

☐ Oui, ils sont de Paris.
☐ Oui, elles sont de Paris.
☐ Oui, il est de Paris.

5. Madame, vous ? la grand-mère d'Alex?

☐ êtes
☐ sommes
☐ es

6. Tu habites où?

☐ De Nice.
☐ Dans la rue.
☐ A Paris.

Ich kann schon …	☺	GBH	Lerntipps
… den unbestimmten Artikel **un, une** verwenden.	☺	G 1	Um dir das Geschlecht der Nomen zu merken, lerne Nomen immer mit dem unbestimmten Artikel.
… das Verb **être** im Singular und im Plural verwenden.	☺	G 2 G 4	Merke dir besonders folgende Formen, weil sie gleich klingen: **tu es** und **il est**.
… den bestimmten Artikel **le, la, l'** verwenden.	☺	G 3	Denke bei dem bestimmten Artikel an das l', wenn ein Nomen mit einem Vokal oder „stummem h" beginnt.
… Verben auf **-er** verwenden.	☺	G 5	Bei den Verben auf **-er** präge dir besonders die 3 Formen des Singulars und die 3. Person des Plurals ein. Sie werden gleich ausgesprochen, aber unterschiedlich geschrieben!
… einfache Fragen stellen.	☺	G 6	Bei Fragen ohne Fragewort (Entscheidungsfragen) ist die Antwort immer „ja" oder „nein".

9 Un panier, deux paniers

→ Der Plural des Nomens G 7

Singulier, pluriel ou les deux? Ecris les mots dans le bon panier.
(Singular, Plural oder beides? Trage die Wörter in den richtigen Korb ein.)

sport   crayons   BD   gâteaux   affiche   cahier   cartons

bougie   fils   CD   DVD   cadeaux   livres   jeux vidéo

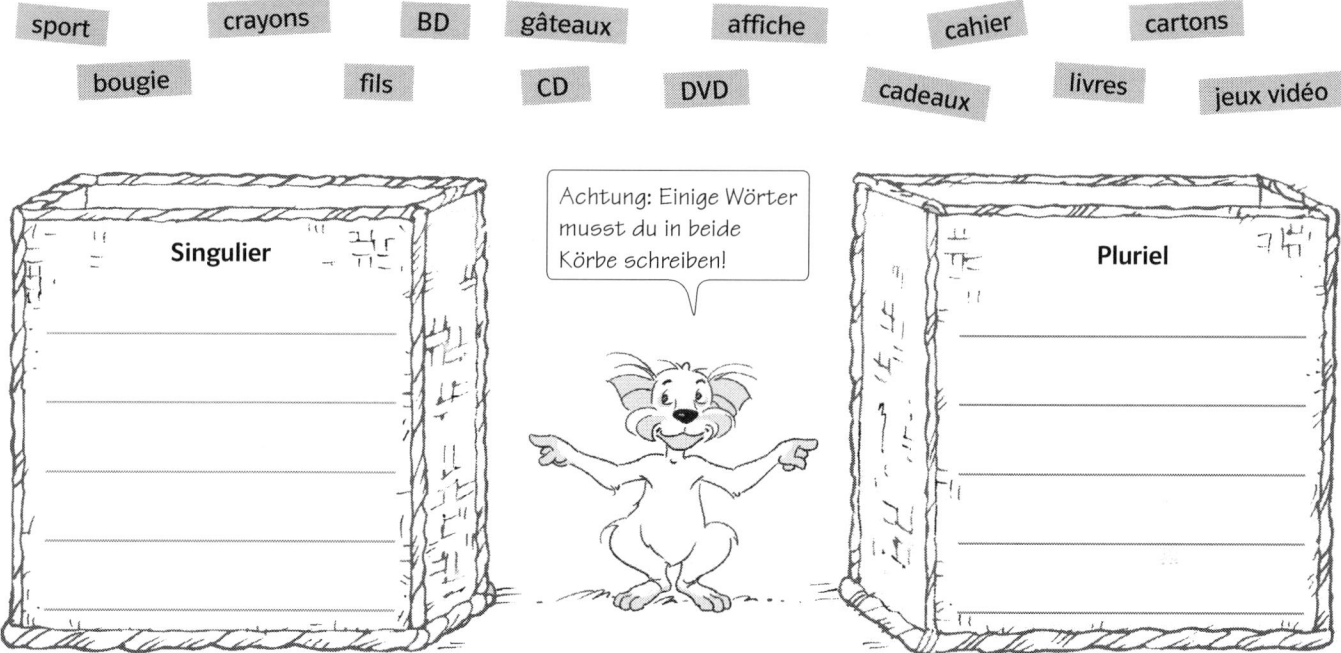

Achtung: Einige Wörter musst du in beide Körbe schreiben!

Singulier

Pluriel

10 Dans la chambre de Justin, il y a . . .

→ Der unbestimmte Artikel Singular und Plural G 1, 8

Regarde les dessins. Qu'est-ce qu'il y a dans la chambre de Justin et de Lucie?
*(Schau dir die Bilder an und liste auf, was sie in ihrem Zimmer haben. Verwende dabei **un**, **une** oder **des**.)*

1. Dans la chambre de Justin, il y a des crayons,

2. Dans la chambre de Lucie, il y a un

11 Voilà les chiens de Cédric.

→ Der bestimmte Artikel Singular und Plural G 3, 9

*Complète avec **le, la, l'** ou **les**. (Setze den bestimmten Artikel ein.)*

1. Voilà _les_ chiens de Cédric.

2. Samira souffle _____ bougies sur le gâteau.

3. C'est _____ affiche des Fatal'z.

4. Paul aime _____ BD.

5. Elise est _____ sœur de Nicolas.

6. Manon aime _____ cadeaux!

7. Papa est dans _____ train.

8. Thomas et Zoé sont à _____ école.

12 Des ou les?

→ Der bestimmte und unbestimmte Artikel Plural G 8, 9

Fais des phrases correctes. (Bilde korrekte Sätze, indem du die passenden Satzteile verbindest.)

1. Nicolas aime → des / les → BD.

2. Dans une librairie-papeterie, il y a   les / des   journaux et   les / des   livres.

3. Les / Des   parents de Lucas travaillent à Paris.

4. Où sont   les / des   copains de Mathieu?

5. Emma cherche à la FNAC   les / des   livres sur Paris pour sa grand-mère.

6. Sur le DVD, il y a   les / des   histoires fantastiques.

7. Les / Des   chansons de Superbus sont super!

13 Quentin, sa famille et ses amis

⟶ Die Possessivbegleiter (I) G 10

A *Quentin présente sa famille. Complète le portrait. (Quentin stellt seine Familie vor. Vervollständige das Porträt mit **mon, ma** oder **mes**.)*

C'est moi! Je suis Quentin.

1. _____ grands-parents

2. _____ parents

3. _____ sœur Léa et _____ frère Nathan

4. _____ oncle et _____ tante

5. _____ cousins Damien et Maxime

B *Quentin parle aussi de ses amis. (Quentin spricht auch über seine Freunde. Vervollständige die Sätze, aber pass gut auf!)*

J'aime le sport. Je fais du foot avec _____ copain Théo et _____

copine Manon. _____ amis et moi, nous aimons aussi la musique.

_____ ami Paul aime la techno et _____ amie Laure aime

la musique classique. Moi, j'aime le rock.

Mon, ton, son vor „stummem h" und vor Vokal.

14 Une interview pour le journal

⟶ Die Possessivbegleiter (I) G 10

A *Tu fais maintenant une interview avec Quentin. Voilà tes questions et ses réponses. Complète avec **ton, ta** ou **tes**. (Du interviewst nun Quentin. Hier sind deine Fragen und seine Antworten. Vervollständige deine Fragen.)*

1. Tu fais du foot avec _____ amis?

⟨ Oui, avec Théo et Manon.

2. Tu travailles pour l'école avec _____ mère?

⟨ Oui, mais aussi avec papa ou avec Nathan.

3. Demain, c'est _____ anniversaire, non?

⟨ Mais non, demain, c'est l'anniversaire de Léa!

4. Et _____ idée pour un cadeau, c'est …?

⟨ Une BD, c'est un cadeau super pour Léa.

B *Tu écris maintenant un article pour le journal. Relie les morceaux de phrases.*
(Du schreibst einen Beitrag über Quentin in der Schülerzeitung. Verbinde die Satzteile.)

1. Quentin aime   `son`   famille et ses amis.

2. Le foot, c'est   `ses`   sport. Il joue avec Manon et Théo.

3. Il travaille pour l'école avec   `sa`   parents ou avec son frère.

4. L'anniversaire de   `son`   sœur Léa, c'est demain.

5. Une BD, c'est   `sa`   idée pour le cadeau de Léa.

15 Son/sa/ses
→ Die Possessivbegleiter (I) G 10

Choisis le bon déterminant possessif.
(Wähle den richtigen Possessivbegleiter aus.)

Paul est à la FNAC avec _____ ami Théo. Ils cherchent des livres.   ma – tes – son

Paul: Regarde! Voilà une BD super pour _____ sœur. Elle aime les mangas.   mon – ma – mes

Fabien: Les mangas? _____ frères détestent ça. Elle a quel âge, _____ sœur?   mon – mes – ta

Paul: Elle a 19 ans et elle habite avec _____ copain. Et _____ frères?   ton – son – tes

Fabien: Damien et Lucien, _____ deux frères, ont 6 et 9 ans.   mes – tes – ses

Paul: Euh … Damien, Lucien et Fabien? J'aime bien _____ parents!   ta – ses – tes

16 Le verbe *avoir*
→ Das Verb **avoir** G 11

A *Conjugue le verbe **avoir**. (Konjugiere das Verb **avoir**.)*

il/elle/on _____   j' _____

vous ___ ___ ___   ils/elles ___ ___ ___

tu ___ ___   nous ___ ___ ___ ___ ___

B *Complète avec **je, tu, il, nous, vous, ils**.*
(Vervollständige die Dialoge mit den richtigen Personalpronomen.)

– Pierre, _____ as un cadeau pour l'anniversaire de ta copine?

– Non, mais _____ ai peut-être une idée …

– _____ avons un cadeau super pour Elise.

– _____ avez un livre ou une BD?

– Un livre, mais Lucas et Marie, _____ ont une BD.

– Oh zut, Alexandre, _____ a aussi une BD …

Tout compris?

A *Coche le bon pluriel. (Kreuze den richtigen Plural an.)*

1. la bougie

☐ les bougies   ☐ des bougies

2. un fils

☐ les fils   ☐ des fils

3. le journal

☐ les journaux   ☐ des journaux

B *Traduis. (Übersetze.)*

1. Alexandre sucht Bücher in der FNAC.

_____

2. Malou liebt Videospiele.

_____

3. Die Freunde haben Geschenke für Lucas.

_____

C *Complète avec **mon/ma/mes, ton/ta/tes** ou **son/sa/ses**.*
(Ergänze die Übersicht mit den richtigen Possessivbegleitern.)

Besitzer: ich	Besitzer: du	Besitzer: er/sie
1. _____ gommes	**4.** _____ sœur	**7.** _____ chat
2. _____ oncle	**5.** _____ affaires	**8.** _____ chambre
3. _____ copine	**6.** _____ chien	**9.** _____ livres

D *Coche. (Kreuze an.)*

1. Emma ? un chien.

☐ as   ☐ es   ☐ a

2. Mes amis ? faim.

☐ sont   ☐ ont   ☐ a

3. Nous ? une idée super.

☐ avons   ☐ avez   ☐ sommes

Ich kann schon …	☺	GBH	Lerntipps
… den Plural des Nomens verwenden.	☺	G 7	Das kennst du aus dem Englischen: Im Plural bekommen Nomen meistens ein **-s**. Man spricht es aber auf Französisch nicht! Die Ausnahmen musst du auswendig lernen.
… den unbestimmte Artikel im Plural **des** verwenden.	☺	G 8	Denke daran, dass im Deutschen „des" nicht übersetzt wird.
… den bestimmte Artikel im Plural **les** verwenden.	☺	G 9	Wie im Deutschen (die), so gibt es auch im Französischen nur einen bestimmten Artikel im Plural: **LES**.
… Die Possessivbegleiter **mon, ton, son** … verwenden.	☺	G 10	Achte darauf, dass sich die Possessivbegleiter in Geschlecht und Zahl nach dem Nomen richten, auf das sie sich beziehen.
… das Verb **avoir** verwenden.	☺	G 11	Neben **être** ist **avoir** eines der wichtigsten Verben im Französischen. Lerne die Formen auswendig.

17 Non!

→ Die Verneinung (I) G 12

Mets les mots dans le bon ordre.
(Bringe die Wörter in die richtige Reihenfolge.)

> **TIPP**
>
> Vergiss nicht: Bei der Verneinung umklammern **ne** und **pas** das Verb und vor Vokal und „stummem h" wird **ne** zu **n'** verkürzt.

1. aujourd'hui? | Vous | pas | ne | travaillez

_____

2. à | habitent | Paris. | Ils | n' | pas

_____

3. Tu | pas | n' | aimes | jeux vidéo? | les

_____

4. dans | cour | Marie | n' | la | pas | collège. | est | du

_____

18 Tu regardes mes dessins?

→ Die Verneinung (I) G 12

Regarde les photos et lis les phrases. Mets ensuite les phrases à la forme négative.
Attention: deux phrases sont correctes. (Schau dir die Fotos an und lies die Sätze. Verneine sie anschließend. Vorsicht: Zwei Sätze passen zu den Fotos und dürfen nicht verneint werden.)

1

2
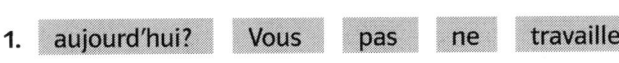

3
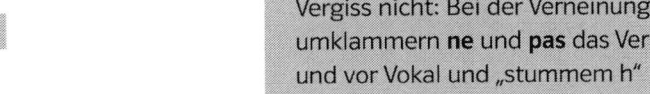

4

5
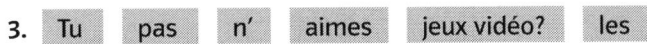

6

1. Elle souffle les bougies. _____

2. Tom discute avec Julie. _____

3. Le chien aime le chat. _____

4. Le professeur est là aujourd'hui. _____

5. Les copains préparent l'interro. _____

6. Le chat mange. _____

19 Je cherche mes copains!

→ Die Präposition à und der bestimmte Artikel G 13

Complète les phrases. (Ergänze die Sätze.
Verwende au, à la, à l', aux und chez jeweils einmal.)

1. Rémi est _____ infirmerie.

2. Violette est _____ toilettes.

3. Simon est _____ maison.

4. Julie est _____ Marie.

5. Nadège est _____ collège.

6. Louis va _____ lit.

> **TIPP**
>
> Vergiss nicht:
>
> à + le -> **au**
> a + les -> **aux**

20 Le verbe *aller*

→ Das Verb **aller** G 14

*Raye les lettres inutiles et trouve les formes du verbe **aller**. (Streiche*
*die überflüssigen Buchstaben durch und konjugiere das Verb **aller**.)*

Je		a	v	a	i	t	s	a	v
Tu		a	v	a	i	s	v	i	s
Il/elle/on		v	i	v	a	t	v	i	o
Nous		v	a	l	l	e	o	n	s
Vous		v	a	l	l	a	e	z	a
Ils/elles		a	l	l	v	a	o	n	t

21 On va où?

→ Das Verb **aller** und die Präposition à G 13, 14

*Fais des phrases avec le verbe **aller**. (Schreibe mithilfe der Illustrationen wer wohin*
*in die Schule geht. Verwende die korrekte Form von **aller** und die korrekte Präposition.)*

1. Nous allons _____

2. _____

3. _____

4. _____

5. _____

22 Qu'est-ce qu'on fait?

→ Das Verb **faire** G 15

*Complète les phrases avec les formes du verbe **faire**.*
*(Vervollständige die Sätze mit den Formen des Verbs **faire**.)*

Interro surprise!

– Non, je ne _____ pas

mes devoirs!

– Comment? Tu ne _____

pas tes devoirs?!

– Vous _____ un gâteau

pour maman? Et nous, nous

_____ un super cadeau!

Le prof _____ une

interro!

Oh, non, pas ça! Les élèves

_____ une crise[1].

23 Mots croisés

→ Die Verben **aller** und **faire** G 14, 15

*Complète les phrases avec les bonnes formes des verbes **aller** et **faire** et trouve le mot mystère.*
*(Vervollständige die Sätze mit den Verbformen von **aller** und **faire** und finde das Lösungswort.)*

2. Mon copain _____ à la cantine.

3. Les filles _____ à l'infirmerie.

4. Je _____ aux toilettes.

5. Tu _____ l'exercice avec moi?

6. Les élèves _____ leurs exercices.

7. J'aime _____ mes devoirs.

8. Nous _____ une surprise pour Léa!

11. Vous _____ un gâteau maintenant?

12. Nous _____ au cinéma demain?

Le mot mystère:

c _ _ _ _ _ _ _ _ p h _ _

1 **faire une crise** *(fam.)* die Krise kriegen

24 Photos de famille

→ Die Possessivbegleiter (I, II) G 10, 16

Sarah montre ses photos. Coche la bonne réponse.
(Sarah zeigt dir Fotos. Kreuze die richtige Antwort an.)

1. Voilà ☐ nos ☐ notre cousins et ☐ leur ☐ leurs chat Sushi.

2. Voilà ☐ ma ☐ mes mère et ☐ leurs ☐ ses sœurs.

3. Voilà ☐ mon ☐ mes chien dans ☐ son ☐ ses carton.

4. Voilà ☐ mon ☐ mes copines avec ☐ ses ☐ leurs parents.

5. Voilà ☐ mon ☐ mes frère avec ☐ son ☐ sa copine.

6. Voilà ☐ notre ☐ nos maison et ☐ notre ☐ nos chats.

7. Mais où sont ☐ vos ☐ votre photos avec ☐ votre ☐ vos copains?

TIPP

Im Französischen gibt es keinen Unterschied zwischen **sein** und **ihr**!
Das Geschlecht des Besitzers bestimmt nicht den Possessivbegleiter.

Voila Marie et **son** chien. (**ihr** Hund)
Voilà Pierre et **son** chien. (**sein** Hund).

25 A Paris avec nos amis

→ Die Possessivbegleiter (I, II) G 10, 16

Relie les phrases. (Verbinde die deutschen Sätze mit den französischen Übersetzungen.)

1. Unser Freund wohnt in Paris.

2. Unsere Freunde wohnen in Paris.

3. Meine Freunde lieben ihren Hund.

4. Wo wohnen eure Freunde?

5. Meine Freunde wohnen bei ihren Eltern.

6. Meine Freunde lieben ihre Hunde.

7. Euer Hund liebt Paris.

a. Mes amis aiment leurs chiens.

b. Votre chien aime Paris.

c. Mes amis habitent chez leurs parents.

d. Notre ami habite à Paris.

e. Mes amis aiment leur chien.

f. Vos amis habitent où?

g. Nos amis habitent à Paris.

26 On range la chambre!

→ Die Possessivbegleiter (I, II) G 10, 16

A *Complète les phrases avec le bon déterminant possessif.*
(Vervollständige die Sätze mit dem passenden Possessivbegleiter.)

Tom et sa sœur Rose rangent l_____ chambre. *Rose:* «Tom, tu ranges aussi sous t_____ lit!»

Tom: «C'est peut-être m_____ lit mais ce sont t_____ affaires! Regarde! T_____ sac

et t_____ livres!» L_____ parents arrivent. L_____ mère dit: «C'est la cata dans

v_____ chambre!» L_____ père dit: «V_____ mère et moi, nous rangeons

n_____ affaires dans n_____ chambre!» La mère regarde le père: «Ah, oui? Et t_____

journal, t_____ livres et t_____ BD sous n_____ lit?»

B *Choisis le bon déterminant possessif.*
(Wähle den passenden Possessivbegleiter aus.)

Tom et _____ copains trouvent un sac dans la cour du collège.

Est-ce que c'est le sac de _____ prof de sport? Non! Tom regarde dans le sac …

_____ copain Anatole n'est pas d'accord. Ce ne sont pas _____ affaires.

Tom regarde _____ copine Louise. Louise est d'accord.

Alors, Anatole et _____ copains vont dans la salle des profs avec le sac.

_____ profs regardent le sac. C'est le sac de la prof de maths!

son – ses – leurs

leur – ses – leurs

son – leur – leurs

leur – son – leurs

leur – ses – leurs

son – leur – leurs

Tout compris?

A *Mets les phrases à la forme négative. (Verneine die Sätze.)*

1. Tu ranges ta chambre?

_____

2. Les élèves font leurs exercices.

_____

B *Coche la/les bonne(s) réponse(s). (Kreuze die richtige(n) Antwort(en) an.)*

1. Ils **?** à la maison.

☐ vont ☐ font ☐ ont

2. Tu **?** aux toilettes?

☐ vais ☐ va ☐ vas

3. Elles invitent **?** amies?

☐ sa ☐ leur ☐ leurs

4. Nous **?** un gâteau.

☐ font ☐ faisons ☐ fais

5. Ils **?** leurs exercices.

☐ font ☐ faites ☐ faisons

6. Il fait **?** exercices.

☐ ses ☐ son ☐ leur

7. Vous allez **?** Mehdi?

☐ au ☐ chez ☐ à la

8. Les élèves sont **?** collège.

☐ au ☐ chez le ☐ aux

9. Ils jouent avec **?** frère.

☐ leur ☐ leurs ☐ ses

C *Traduis. (Übersetze. Verwende **nos/vos/leurs** oder **notre/votre/leurs** jeweils einmal.)*

1. unser Bruder _____

2. unsere Brüder _____

3. euer Hund _____

4. eure Hunde _____

5. ihre Freundin _____

6. ihre Freundinnen _____

Ich kann schon ...	☺	GBH	Lerntipps
... die Verneinung **ne ... pas** verwenden.	☺	G 12	Die Verneinung besteht immer aus zwei Teilen. Denke an einen Boxer mit zwei Fäusten: Je **n**'aime **pas** les maths!
... **au/aux** verwenden.	☺	G 13	Nur im Maskulinum Singular musst du **à + le** zu **au** zusammenziehen. Beim Plural ist es hingegen einfach, immer **aux**!
... das Verb **aller** verwenden.	☺	G 14	Als kleine Lernhilfe kannst du dir mit einem einfachen Rhythmus die Anfangsbuchstaben der konjugierten Formen merken: **VVVAAV**
... das Verb **faire** verwenden.	☺	G 15	Man lernt die Verbformen besser, wenn man sie in kurze Sätze einbaut: – Qu'est-ce que vous **faites**? – Nous **faisons** nos devoirs!
... die Possessivbegleiter **notre, votre, leur, nos, vos, leurs** verwenden.	☺	G 16	Konzentriere dich auf die wichtigen Fragen: **Besitzer:** einer oder mehrere? **Besitz:** männlich oder weiblich? Einer oder mehrere? Geh logisch vor und schließe nach und nach die Möglichkeiten aus.

27 Rêves de vacances!

⟶ Das **Futur composé** G 17

A *Qu'est-ce que les profs vont faire pendant les vacances?*
(Was werden die Lehrer in den Ferien machen?
Setze die Verben im Futur composé ein.)

> **TIPP**
>
> Vergiss nicht! Das **Futur composé** wird mit „aller" +
> Infinitiv gebildet und die Verneinung umklammert das
> konjugierte Verb: Demain, je **vais rester** à la maison!
> Je **ne vais pas aller** à l'école.

M. Deschamps: Qu'est ce que vous _____ en vacances?	faire
M. Chevalier: Moi, je _____ avec mes enfants.	jouer
Et toi, Romuald, est-ce que tu _____ Paris?	quitter
M. Martinez: Oui, je _____ mes vacances ici.	ne pas passer
Je _____ à Marseille chez ma sœur.	aller
Nous _____ de la natation et du tennis. Et toi, Rose?	faire
Mme Petit: Moi, je _____ mon temps!	prendre
Je _____ .	ne pas travailler
Ça _____ super!	être

B *Et les élèves alors? Qu'est-ce qu'ils vont faire pendant les vacances?*
(Und was werden die Schüler in den Ferien unternehmen? Schau dir
die Bilder an und schreibe Sätze im Futur composé.)

Anne   Léa et Eva   Anatole et Tom   Félix

1. Anne _____ .

2. Léa et Eva _____ .

3. Anatole et Tom _____ .

4. Félix _____ .

28 Maintenant on range!

→ Die Präpositionen **à** und **de** und der bestimmte Artikel G 13, 18

*Relie les phrases avec la bonne **préposition**. (Verbinde die Satzteile mithilfe der richtigen Präposition. Pass auf! Es gibt manchmal mehrere Möglichkeiten.)*

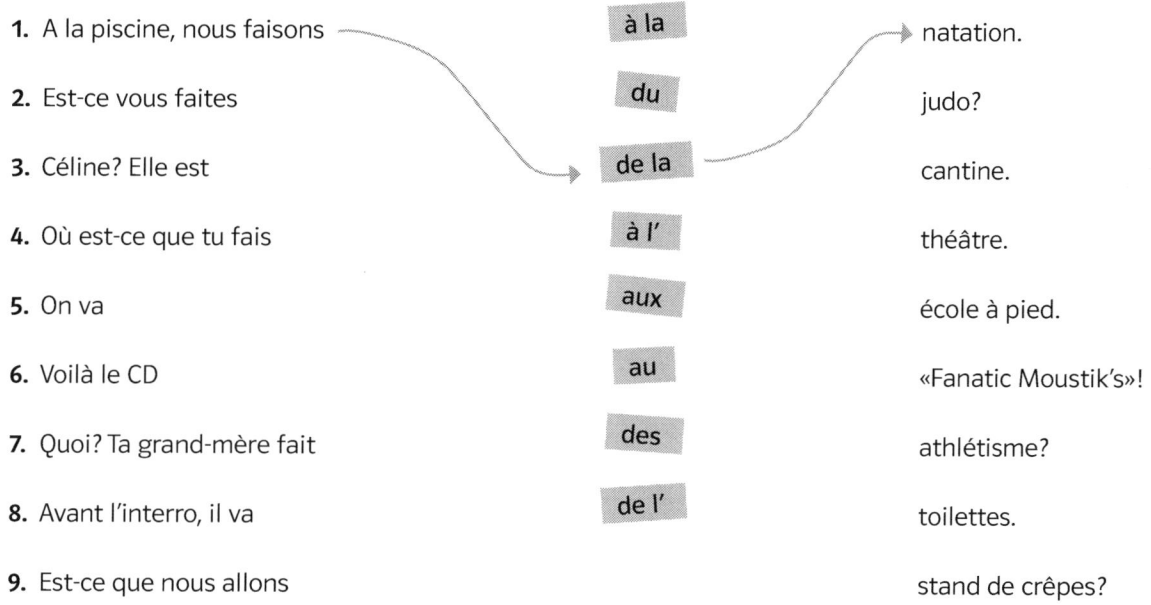

1. A la piscine, nous faisons

2. Est-ce vous faites

3. Céline? Elle est

4. Où est-ce que tu fais

5. On va

6. Voilà le CD

7. Quoi? Ta grand-mère fait

8. Avant l'interro, il va

9. Est-ce que nous allons

à la
du
de la
à l'
aux
au
des
de l'

natation.

judo?

cantine.

théâtre.

école à pied.

«Fanatic Moustik's»!

athlétisme?

toilettes.

stand de crêpes?

29 Les photos de grand-mère

→ Die Präposition **de** und der bestimmte Artikel G 18

*Complète les phrases avec **du/de la/de l'/des**.*
(Ergänze die Sätze mit der richtigen Präposition.)

Voilà les photos _____ grand-mère de Paul.

Paul et sa sœur Emma regardent les photos.

Emma: Voilà la photo _____ parents de grand-mère.

Paul: Et là, c'est le chien _____ père de grand-mère. Il s'appelle Luigi.

Et ça, c'est une photo _____ appartement de grand-mère.

Emma: Et voilà une photo _____ copine de grand-mère! C'est Juliette Beaufils!

Paul: Oh, regardez la photo _____ garçons, qui est-ce? Le garçon derrière grand-mère,

c'est grand-père?

Mamie: Euh … non!

Emma: Ah, c'est une photo _____ premier copain de grand-mère! Mais oui, regarde,

c'est le frère _____ amie de grand-mère! Il y a des surprises dans ces photos!

30 Regarde!

→ Der Imperativ G 19

*Complète. Utilise l'**impératif**. (Vervollständige die Sätze. Setze die Verben in den Imperativ.)*

1. (regarder)

Regardez!   Voilà ma copine.

2. (chercher)

Où est mon portable?

_____ ensemble!

3. (prendre)

J'ai faim.

_____ un croissant!

4. (aller)

Aïe!

_____ à l'infirmerie!

5. (ranger)

_____ ta chambre!

6. (jouer)

_____ avec moi!

31 Ne fais pas ci, ne fais pas ça!

→ Der Imperativ G 19

*Complète le message de la mère de Zoé à la forme négative de l'**impératif**. (Zoés Eltern sind heute Abend nicht zu Hause. Ihre Mutter hinterlässt eine Nachricht mit lauter Verboten. Vervollständige die Sätze.)*

Salut ma puce!

Papa et moi, nous sommes au théâtre ce soir. **Ne téléphone pas**

à tes amis et _____ trop à l'ordinateur ce soir.

Et _____ l'appartement! Il y a des spaghettis pour

toi et ta sœur dans la cuisine, mais Clara et toi, _____

les gaufres et _____ de crêpes. Et

la télé et _____ au lit trop tard!! On rentre à 22 heures.

A plus,

Maman

Zoé:
• ~~téléphoner~~
• ~~jouer à l'ordi~~
• ~~quitter l'appart~~

Zoé et Clara:
• ~~manger les gaufres~~
• ~~faire des crêpes~~
• ~~regarder la télé~~
• ~~aller au lit tard~~

Bei **aller** gibt es eine Besonderheit! Weißt du noch welche?

32 Oui ou non?

→ Fragen stellen (II) G 20

Mets les mots dans le bon ordre. (Bringe die Satzteile in die richtige Reihenfolge und bilde Fragen.)

TIPP

Steht **est-ce que** am Satz-anfang, ist die Antwort immer „Ja" oder „Nein".

1. | fais | tu | que | Est | moi? | du | -ce | judo | avec |

_____

2. | cantine | nous | -ce | Est | à | allons | que | midi? | la | à |

_____

3. | Est | Léo | crêpe | parc? | une | que | dans | -ce | le | mange |

_____

4. | parents | 15 | heures? | que | arrivent | -ce | à | Est | tes |

_____

33 Qui, où, quand, comment …

→ Fragen stellen (II) G 20

A *Complète les mots croisés. (Löse das Kreuzworträtsel.)*

1. **?** est-ce que tu n'aimes pas les crêpes? Elles sont super!

2. **?** est-ce que je trouve Interclub? C'est dans le quartier?

3. **?** est-ce que nous faisons cet après-midi? Du judo?

4. **?** est-ce que tu trouves ton prof? Il est sympa?

5. **?** est-ce que Marie travaille? Avec Noah?

6. **?** est-ce que vous arrivez chez moi? A 15 heures?

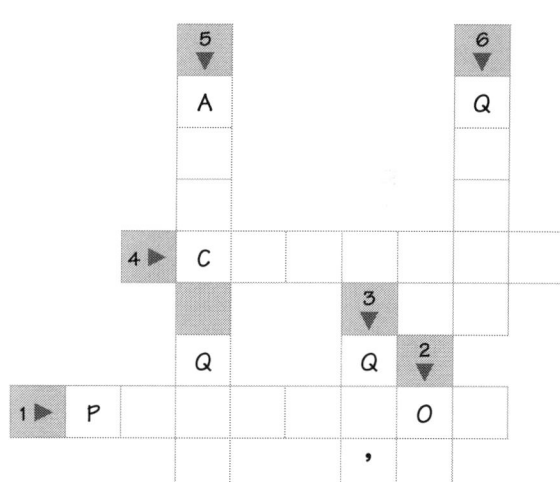

Kannst du die deutschen W-Fragen auch auf Französisch stellen? Was, wann, wo, wie, wer, warum?

B *Traduis maintenant les questions avec **est-ce que**. (Übersetze nun die Fragen. Verwende dabei **est-ce que**.)*

1. Wie heißt du? _____

2. Was machst du hier? _____

3. Warum bist du hier? _____

4. Wann gehst du nach Hause? _____

34 Encore des questions …

→ Fragen stellen (II) G 20

Le journal de l'école fait une interview avec Laura. Voici ses réponses. Pose les questions.
(Die Schülerzeitung von Lauras Schule macht ein Interview mit ihr. Hier sind die Antworten.
*Frage nach den fett gedruckten Informationen. Verwende dabei **est-ce que**.)*

1. Comment est-ce que tu t'appelles? _____

   Je m'appelle **Laura**.

2. _____

   J'habite **25 rue Berlioz**.

3. _____

   Oui, j'aime **mon collège**.

4. _____

   Après l'école, je fais **du judo**.

5. _____

   Je rentre **à vélo**.

6. _____

   Je fais mes devoirs **à 19 heures**.

35 Le verbe *prendre*

→ Das Verb **prendre** G 21

*Conjugue le verbe **prendre**. (Ergänze die Formen des Verbs **prendre**).*

il/elle/on	p _ _ _ _	je	_ _ _ _ s
vous	_ _ _ _ z	ils/elles	_ _ e _ _ _
tu	_ _ e _ _	nous	_ _ _ _ s

36 Au stand de crêpes

→ Das Verb **prendre** G 21

*Complète le texte avec les bonnes formes de **prendre**.*
*(Vervollständige mit der passenden Form von **prendre**.)*

– Bonjour, je _____ une crêpe et ma sœur _____ une gaufre, s'il vous plaît.

– Vous _____ aussi un café ou un coca?

– Non, nous _____ deux cocas. Merci!

– Deux cocas? Thomas, _____ un jus d'orange! Et toi aussi, Sarah, tu _____

  un jus d'orange.

– Quoi? Mais je déteste les oranges, maman!! Je fais une allergie aux oranges …

– Ah oui, une allergie? Alors, monsieur, mes enfants _____ deux eaux minérales, s'il vous plaît …

Tout compris?

A *Traduis au **futur composé**. (Übersetze.)*

1. Ich werde heute in der Kantine essen.

Aujourd'hui, _____ .

2. Meine Freunde werden um 19 Uhr ankommen.

Mes amis _____ .

B *Coche la bonne réponse. (Kreuze an.)*

1. Félix fait **?** bruit.

☐ du   ☐ au
☐ des   ☐ aux

2. Noah regarde **?** photos.

☐ de la   ☐ aux
☐ à la   ☐ des

3. Marie est super **?** école.

☐ aux   ☐ à l'
☐ de l'   ☐ des

C *Complète avec l'**impératif**. (Vervollständige die Sätze mit dem Imperativ.)*

1. Lucas et Chloé, _____ une crêpe avec moi, j'ai faim!   manger

2. _____ un coca ensemble, nous deux! Tu es d'accord?   prendre

3. Damien, s'il te plaît! _____ de bruit dans le salon, il est minuit!   ne pas faire

D *Mets les mots dans le bon ordre. (Bringe die Wörter in die richtige Reihenfolge.)*

1. | tu | à | l' | est-ce | école | vas | Quand | que | ?

_____

2. | nous | Est-ce | faisons | sport | que | du | aujourd'hui | ?

_____

Ich kann schon …	☺	GBH	Lerntipps
… das **Futur composé** verwenden.	☺	G 17	Lerne noch einmal gründlich die Formen von *aller* auswendig. Du musst dann nur den Infinitiv des Verbs hinzufügen.
… die Präposition **de** und den bestimmte Artikel verwenden.	☺	G 18	Denke daran: Zwei Formen musst du anpassen (*de + le = du*, *de + les = des*), zwei Formen bleiben erhalten (*de la*, *de l'*).
… den Imperativ verwenden.	☺	G 19	Achtung: Der Imperativ im Singular wird aus der **1. Person Singular** gebildet. (Ausnahme: *aller* ⟶ *Va!*)
… Fragen stellen. **Est-ce que…?**	☺	G 20	Merke dir: Steht **Est-ce que** am Satzanfang, so ist die Antwort ja oder nein. Für Informationsfragen benötigt man ein Fragewort vor **est-ce que**.
… das Verb **prendre** verwenden.	☺	G 21	Hier musst du gut aufpassen: 1. Person Singular: je prend**s** mit **s** 3. Person Plural: ils pre**nn**ent mit **nn**

37 Les grandes vacances
→ Das **Passé composé** mit **avoir** G 22

*Jules raconte son voyage. (Erzähle anhand der vorgegebenen Elemente die Fahrt von Jules zu seinem Cousin. Verwende das **Passé composé**.)*

1. D'abord, j'_____ ma chambre. ranger

2. Après, ma mère _____ mes affaires et mon père préparer

_____ mon sandwich pour le voyage. faire

3. Dans le train, j'_____ une fille super jolie. rencontrer

Nous _____ pendant des heures, puis la fille discuter

_____ : «Tu veux mon numéro[1]?» Alors, elle demander

_____ son numéro de portable. donner

4. A Bordeaux, j'_____ mes copains. J'arrive chez Lucas retrouver

et là, zut!!! J'_____ mon portable dans le train! oublier

Les vacances commencent bien …

38 Tu as demandé à Léo?
→ Das **Passé composé** und das direkte und indirekte Objekt G 22, 24

Mets les mots dans le bon ordre. (Bringe die Satzteile in die richtige Reihenfolge und bilde Sätze.)

1. Je ⬜ chambre. ⬜ pas ⬜ rangé ⬜ n' ⬜ ai ⬜ ma

_____ .

2. Tu ⬜ retrouvé ⬜ joli ⬜ ton ⬜ vert? ⬜ pantalon ⬜ as

_____ .

3. avons ⬜ donné ⬜ à ⬜ pas ⬜ cadeau ⬜ Nous ⬜ Alex. ⬜ le ⬜ n'

_____ .

4. montré ⬜ son ⬜ Elle ⬜ à ⬜ copains. ⬜ quartier ⬜ joli ⬜ ses ⬜ a

_____ .

5. n' ⬜ pas ⬜ un ⬜ demandé ⬜ CD ⬜ Vous ⬜ au ⬜ chanteur. ⬜ avez

_____ .

---

1 le numéro die Nummer

39 C'est bon?

→ Das Adjektiv G 23

*Complète les questions et les réponses avec les bons **adjectifs**.*
(Vervollständige die Fragen und Antworten so, dass sie den Bildern entsprechen. Verwende die passenden Adjektive.)

TIPP

Vergiss nicht: Im Französischen passen sich die Adjektive **IMMER** in Geschlecht und Zahl an die Nomen an, auf die sie sich beziehen.

grand   bon   mauvais   petit   joli

1. Est-ce que les chiens **sont grands**?   → Oui, ce sont **des grands chiens**.

2. Est-ce que le gâteau est _____?   → Oui, c'est un _____.

3. Est-ce que l'idée est _____?   → Oui, c'est une _____.

4. Est-ce que la casquette est _____?   → Oui, c'est une _____.

5. Est-ce que les filles sont _____?   → Oui, ce sont des _____.

40 Au marché aux puces[1]

→ Das Adjektiv G 23

Anatole a acheté des choses très bizarres au marché aux puces!
(Beschreibe die Gegenstände, die Anatole auf dem Flohmarkt gekauft hat. Benutze die angegebenen Adjektive.)

joli   grand   noir   petit   long

rouge   vert   blanc   intéressant   jaune

1. Anatole a acheté des **g**_____ chaussures **r**_____, **2.** un chapeau

n_____ et **b**_____, **3.** des **j**_____ T-shirts

v_____, **4.** une **p**_____ guitare **j**_____,

5. une **l**_____ chemise **b**_____, **6.** une **g**_____

bougie **n**_____, **7.** des livres **i**_____.

---

1 un marché aux puces ein Flohmarkt

41 Direct ou indirect?

→ Das direkte und indirekte Objekt G 24

*Direct ou indirect? (Sind die fettgedruckten Satzteile
direkte oder indirekte Objekte? Kreuze an.)*

	Direktes Objekt	Indirektes Objekt
1. Marie donne une pomme **à son frère**.	☐	☐
2. Pierre raconte **une histoire** aux élèves.	☐	☐
3. Manon, tu aides **ta petite sœur**?	☐	☐
4. Le vendeur montre un livre **au monsieur**.	☐	☐
5. Chut … Ecoute **le prof!**	☐	☐
6. Mme Lavalière téléphone **à M. Lavalière!**	☐	☐

TIPP

Woran erkennst du, ob es sich um
ein direktes oder indirektes
Objekt handelt?
Das ist ganz einfach.
Beim direkten Objekt steht das
Objekt direkt nach dem Verb:
Direktes Objekt: *J'aime les crêpes!*
Beim indirekten Objekt steht vor
dem Objekt immer die Präposition
à, au, aux.
Indirektes Objekt: *Je demande
une crêpe au vendeur.*

42 Une histoire bizarre …

→ Das direkte und indirekte Objekt G 24

*Complète les phrases avec **à/au/à l'/à la/aux** si nécessaire. (Setze, wenn nötig, die passende Präposition ein.)*

Un monsieur raconte une histoire _____ enfants:

Un soir, un homme[1] rencontre _____ le diable[2]. Le diable donne _____

un cadeau _____ homme. L'homme ne raconte pas _____ son histoire

_____ ses amis. Mais il montre _____ le cadeau _____

sa femme[3]. Un soir, la femme rencontre _____ le diable aussi. Elle parle _____

diable. «Vous avez aidé _____ mon homme. Merci beaucoup!», dit la femme. Le diable dit

alors: «Mais, Madame, j'aime faire des cadeaux aux femmes aussi.» Il donne _____ la main

_____ femme et ils dansent. Voilà comment le diable a trouvé une femme.

43 Le verbe *mettre*

→ Das Verb **mettre** G 25

*Conjugue le verbe **mettre**. (Ergänze die Formen des Verbs **mettre**).*

il/elle/on	m _____	je	_____ s
vous	_____ e _____	ils/elles	_____ t _____
tu	_____ e _____	nous	_____ s

---

1 un homme ein Mann – **2 le diable** der Teufel – **3 la femme** die Frau

Tout compris?

A *Traduis. (Übersetze.)*

1. Wir geben dem Lehrer das Buch. _____

2. Er erzählt den Kindern eine Geschichte. _____

3. Ich rufe meinen Bruder an. _____

B *Coche la ou les bonne(s) réponse(s). (Kreuze die richtige(n) Antwort(en) an.)*

1. Je mets une chemise

☐ blanche. ☐ vert. ☐ noires.

2. Des idées

☐ super. ☐ mauvais. ☐ intéressantes.

3. Cette histoire est

☐ triste. ☐ longue. ☐ joli.

4. J'ai acheté des chaussures

☐ rouge. ☐ cool. ☐ noires.

5. Ses gâteaux sont

☐ bons. ☐ mauvais. ☐ petit.

6. Mes copines sont

☐ contentes. ☐ jolies. ☐ tristes.

C *Mets les phrases au **passé composé**. (Setze die Sätze ins **Passé composé**.)*

1. Je fais mes devoirs. _____

2. Vous dansez? _____

3. Nous rencontrons des gens. _____

4. Les filles parlent aux garçons. _____

Ich kann schon …	☺	GBH	Lerntipps
… das Passé composé mit **avoir** verwenden.	☺	G 22	Um dir die Besonderheiten der Satzstellung zu merken, lerne zwei Beispielsätze auswendig, z. B.: – J'ai trouvé **mon chien**! (Das direkte Objekt „Hund" kommt ans Satzende.) – Je **n'**ai **pas** dansé. (Die Verneinung umklammert das konjugierte Hilfsverb.)
… das Adjektiv verwenden.	☺	G 23	Im Französischen musst du **immer** das Adjektiv an das Nomen angleichen, egal wo es steht. La **grande** fille est sympa. La fille est **grande**.
… das direkte und das indirekte Objekt verwenden.	☺	G 24	Beachte die feste Reihenfolge! Im Deutschen kann man die Objekte vertauschen, im Französischen steht immer zuerst das direkte, dann das indirekte Objekt.
… das Verb **mettre** verwenden.	☺	G 25	Achte auf das **-s** in der ersten und zweiten Person Singular!

44 Le verbe *lire*

→ Das Verb **lire** G 26

*Cherche les formes du verbe **lire**. Il y a un mot caché.*
*(Finde die Formen von **lire**. Zwischen den Formen haben sich*
Buchstaben eingeschlichen, die das Lösungswort ergeben.)

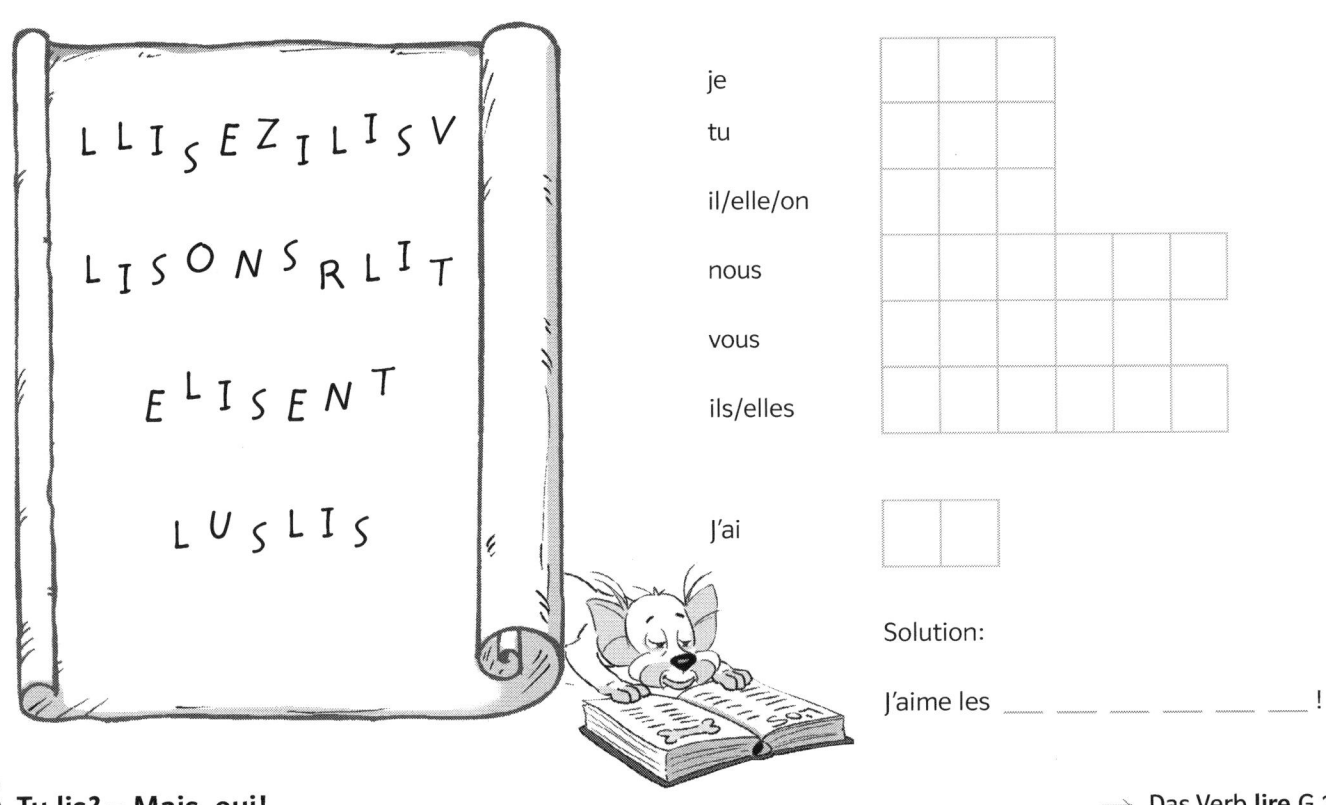

je

tu

il/elle/on

nous

vous

ils/elles

J'ai

Solution:

J'aime les ___ ___ ___ ___ ___ !

45 Tu lis? – Mais, oui!

→ Das Verb **lire** G 26

*Complète les phrases avec les formes du verbe **lire**.*
*(Ergänze die Sätze mit der passenden Form von **lire**.)*

– Qu'est-ce que vous _____ à la maison?

– Nous, on _____ des BD …

– Oui, nous _____ *Astérix* et aussi *Titeuf*.

– Et mes parents _____ le journal ou des livres.

– Et toi, Pierre? Qu'est-ce que tu _____ ?

– Moi, je ne _____ pas. J'écris …

TIPP

Wenn du neue Verben lernst,
wiederhole gleichzeitig die schon
bekannten Verben. So gewinnst
du an Sicherheit.

46 Le verbe *écrire*

→ Das Verb **écrire** G 27

*Conjugue le verbe **écrire**. (Ergänze die Formen des Verbs **écrire**.)*

il/elle/on   e ___ ___ ___   j'   ___ ___ ___ ___ s

vous   ___ ___ ___ v ___   ils/elles   ___ ___ ___ ___ n

tu   ___ ___ r ___   nous   ___ ___ ___ o ___

47 Tu aimes lire ou écrire?

→ Die Verben **lire** und **écrire** G 26, 27

*Relie les deux parties avec la bonne forme de **lire** ou **écrire**.*
Trouve les rimes. (Verbinde die Satzteile. Verwende jeweils
*die passende Form von **lire** oder **écrire**. Welche Teile reimen sich?)*

1. Anne et Léo _____

2. Tu _____

3. Papa _____

4. Nous _____

5. Vous _____

a) une carte postale à Mme Souris?

b) la BD d'Alizée.

c) une carte de Louison.

d) la carte d'Elise.

e) le journal dans son lit.

48 Il y a beaucoup de chats?

→ Angaben über Mengen machen G 28

Complète les phrases. (Ergänze die Sätze.)

1

1. Il y a beaucoup de chats,
mais il n'y a pas de chiens.

> **TIPP**
>
> Achte bei Mengen-
> angaben mit „de" auf
> den Apostroph vor
> Vokalen oder „stum-
> mem h": beaucoup
> **d'**enfants.

2

2. Il y a _____ , mais
_____ .

3

3. Il y a _____ , mais
_____ .

4

4. Il y a _____ , mais
_____ .

5
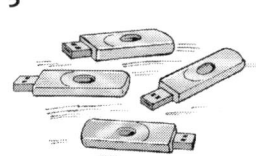 

5. Il y a _____ , mais
_____ .

49 Sur la tour Eiffel

→ Angaben über Mengen machen G 28

Traduis le texte et ajoute les mots qui manquent.
(Übersetze den Text und ergänze die fehlenden Wörter.)

ne … plus de	beaucoup de	ne … pas de	trop de	peu de

1. Am Eiffelturm gibt es wenige Touristen.

A la tour Eiffel, _____

_____ .

2. Aber heute macht Léos Vater keine Interviews mehr.

Mais aujourd'hui, _____

_____ .

3. Léo hat keine Lust, auf dem Eiffelturm zu bleiben.

Léo _____

sur la tour Eiffel.

4. Er hat zu viele Crêpes gegessen.

Il a mangé _____ .

5. Jetzt hat er Lust, viel Apfelsaft zu trinken.

Maintenant, il a envie de prendre _____

_____ .

J'ai mangé trop d'os.

50 Gaspard et Lilou

→ Die Verneinung (II) G 29

Complète le texte avec les verbes donnés.
(Vervollständige den Text mit den vorgegebenen Verben.)

▲ ne … pas	■ ne … plus	● ne … rien

Gaspard est triste.

1. Il *ne joue plus* avec ses copains.   ■ jouer

2. Il _____ à sa mamie.   ▲ téléphoner

3. Il _____ .   ● manger

4. Il _____ faire du sport.   ■ avoir envie

5. Il _____ ses photos des vacances. – Et pourquoi?   ▲ regarder

6. Lilou, sa copine, _____ dans son école. Elle a quitté Paris.   ■ être

Tout compris?

A *Coche la bonne solution. (Kreuze die richtige Lösung an.)*

1. Baptiste
- [ ] lit
- [ ] lis
- [ ] lisent

le journal.

2. Anne et Julie
- [ ] écrire
- [ ] écrivons
- [ ] écrivent

une carte postale.

3. Nous allons
- [ ] lisons
- [ ] lire
- [ ] lisent

un livre français.

B *Trouve le contraire. (Finde das Gegenteil.)*

1. Anatole va encore au collège. – Baptiste _____ .

2. Lisa fait ses devoirs. – Lilou _____ .

3. Léa oublie tout. – Zoé _____ .

4. Christian aime l'école. – Théo _____ .

C *Coche la bonne solution. (Kreuze die richtige Lösung an.)*

1. Dans ma chambre, il y a
- [ ] beaucoup de CD.
- [ ] beaucoup CD.

2. Léo fait
- [ ] trop d'interviews.
- [ ] trop des interviews.

3. Nous n'avons plus
- [ ] d'envie de travailler.
- [ ] envie de travailler.

Ich kann schon …	☺	GBH	Lerntipps
… das Verb **lire** konjugieren.	☺	G 26	Merke dir bei dem Verb **lire**, dass die Pluralformen in der Mitte ein **s** – wie im Deutschen – haben: *vous lisez*
… das Verb **écrire** konjugieren.	☺	G 27	Dagegen hat das Verb **écrire** im Plural ein **v** vor der Endung: *nous écrivons*.
… Angaben über Mengen machen.	☺	G 28	Achte bei Mengenangaben und bei der Verneinung auf das „de": *pas de, beaucoup de*. Vor einem Vokal oder „stummem h" heißt es *d'*: *peu d'amis*
… Sätze verneinen.	☺	G 29	Bei der Negation darfst du den Apostroph vor Vokalen oder „stummem h" nicht vergessen: *Je n'aime pas le rock*.

51 Tu sais faire l'exercice?

→ Das Verb **savoir** G 1

A *Trouve les formes du verbe **savoir** et ajoute les pronoms.*

tu _____ ___ a ___ _____   _____ ___ a ___ s

_____ ___ a ___ s   _____ ___ a ___

_____ ___ a ___ t   _____ ___ a ___ v ___

B *Complète avec les bonnes formes du verbe **savoir**.*

1. Est-ce que tu _____ quand est-ce que le film commence? – Non, je ne _____ pas.

2. Les filles _____ jouer au foot? – Bien sûr! Regarde Julie et Amélie!

3. Vous _____ danser le rock? – Oh non, le rock, c'est nul!

4. Allons à la gare pour _____ à quelle heure le train arrive.

5. Qui _____ faire un gâteau aux pommes? – Désolé, nous adorons ça,

mais nous ne _____ pas préparer les gâteaux aux pommes.

6. Comment?! Lucas ne _____ pas faire de roller! C'est dommage …

52 Le verbe *connaître*

→ Das Verb **connaître** G 2

A *Raye (streiche) les lettres inutiles (überflüssig) et trouve les formes du verbe **connaître**.*

Je/Tu	a	c	o	a	n	n	a	s	i	s		
Il/elle/on	c	o	n	n	n	a	s	î	s	t	o	
Nous	c	o	n	n	a	i	i	s	s	o	n	s
Vous	c	n	o	n	n	a	e	i	s	s	i	e	z
Ils/elles	c	o	n	n	a	i	i	s	s	e	n	n	t	t

TIPP

Achte bei dem Verb **connaître** auf den **accent circonflexe** vor dem „t"!

B *Complète le texte avec les bonnes formes du verbe **connaître**.*

Il y a un nouveau au collège, il s'appelle Julien. Lucas ne _____ pas encore Julien,

mais ses deux copains, Nathan et Ben, _____ déjà le nouveau.

Lucas: Vous _____ le nouveau?

Nathan: Oui, nous _____ Julien parce qu'il habite dans notre quartier.

Mais Lucas, tu _____ aussi Julien, c'est le frère de la jolie fille aux yeux verts, Manon.

Lucas: Manon? … euh … non je ne _____ pas Manon …

53 Savoir ou connaître?

→ Die Verben **savoir** und **connaître** G 1, 2

Complète les phrases avec les formes de ***savoir*** *ou* ***connaître***.

1. Vous _____ où Marie fait du sport? – Oui, au gymnase.

2. Tu _____ l'ami de Mehdi? – Bien sûr. C'est Léo.

3. Lucien _____ à quelle heure le train arrive? – Oui, il a demandé à la gare.

4. Vous _____ Mme Latière? – Oui, c'est la grand-mère de Léo.

5. Léa et Marie _____ jouer au foot? – Oui et elles jouent super bien.

6. Jérôme _____ déjà Julien? – Non, pas encore.

54 Baptiste, un garçon sympa

→ Der Fragebegleiter **quel** G 3

A *Complète les questions avec la bonne forme de* ***quel***.

1. Je cherche un crayon. – _____ crayon?   **2.** On cherche des livres. – _____ livres?

3. Je veux une gomme. – _____ gomme?   **4.** Zoé veut des affiches. – _____ affiches?

B *Baptiste, le cousin de Julien, est au collège aujourd'hui.*
Les copains lui posent des questions. Lis ses réponses et
écris les questions des copains avec la bonne forme de ***quel***.

1. Tu _____ ?   J'ai treize ans.

2. Tu _____ ?   J'habite à Toulouse.

3. Tu _____ ?   Je vais au collège Saint-Exupéry.

4. Tu _____ ?   Je lis les BD d'Astérix et de Tintin.

5. Tu _____ ?   J'aime bien Johnny Depp.

55 Tu aimes cet exercice?

→ Der Demonstrativbegleiter **ce** G 5

Complète les phrases avec le bon adjectif démonstratif.

1. **?** chat aime les gâteaux. C'est bizarre, non? ☐ Cette ☐ Cet ☐ Ce

2. Je reste au lit **?** après-midi. ☐ cet ☐ cette ☐ ce

3. **?** enfants ne sont pas contents. ☐ Ce ☐ Ces ☐ Cet

4. Tu préfères **?** chaussures blanches? ☐ cet ☐ cette ☐ ces

5. Alice déteste **?** actrice. ☐ cette ☐ cet ☐ ce

6. Tu connais **?** homme? C'est le père de Léa. ☐ ce ☐ cet ☐ cette

56 Encore des questions!

→ Der Demonstrativbegleiter **ce** und der Fragebegleiter **quel** G 3, 5

*Complète les phrases avec les bonnes formes de **ce** ou **quel**.*

1. – Regarde _____ filles.

– _____ filles?

– Les filles qui font du roller.

2. – _____ est le nom

de _____ chanteur?

– _____ chanteur?

– Le chanteur sur cette affiche.

3. – Je ne comprends pas

_____ devoirs.

– _____ devoirs?

– Les devoirs de maths!

4. – Tu connais _____

garçons là-bas?

– _____ garçons?

– Les garçons qui mangent

des crêpes.

5. – Tu aimes _____ histoire?

– _____ histoire?

– L'histoire du vampire qui adore

le ketchup.

6. – Je déteste _____

ordinateur!

– _____ ordinateur?

– L'ordi qui a un problème avec

Internet!

1

57 Adrien, tu es bête!

→ Die Relativpronomen **qui**, **que**, **où** G 4

*Adrien est très curieux (neugierig) et pose beaucoup de questions à sa sœur Annabelle. Complète ses phrases avec **qui**, **que**, **qu'** ou **où**.*

Adrien	Annabelle
1. Qui est le garçon _____ a téléphoné ce soir?	– Je ne sais pas.
2. Mais si! C'est un garçon _____ tu connais!	– Euh …
3. Oui, il habite dans la rue _____ il y a la poste.	– Mais non!
4. C'est le garçon _____ porte toujours une casquette bizarre.	– Quelle casquette?
5. Et toi, tu es la fille _____ il rencontre toujours après les cours …	– Ecoute, tu m'énerves!
6. C'est le garçon _____ tu aimes, c'est ça?	– Adrien, tu es bête!!

58 Dans le magasin de Mme Latière

→ Die Relativpronomen **qui**, **que**, **où** G 4

Mets les mots dans le bon ordre.

1. travaille. | Voilà | magasin | le | où | Mme Latière

   _____

2. le | bleu | Je | qui | stylo | la | table. | veux | est | sur

   _____

3. trouves | livres | les | Tu | cherches? | que | tu

   _____

4. robe | porte | La | n' | pas | jolie. | qu' | elle | est

   _____

5. fille | la | Voilà | que | déteste. | je

   _____

59 Tu sais faire des phrases?

→ Die Relativpronomen und der Fragebegleiter **quel** G 3, 4

Regarde les symboles et complète les phrases.   ▇ quel/quels/quelle/quelles   ▲ qui/que/où

1. A qui est l'anorak ▲ _____ Lisa porte?

2. ▇ _____ photos est-ce que Gabriel regarde?

3. Paul est le garçon ▲ _____ joue au foot avec Karim.

4. ▇ _____ CD est-ce que Jérôme écoute?

5. Julien est dans ▇ _____ classe?

6. Tu connais le livre ▲ _____ Zoé lit?

Tout compris?

A *Entoure (kreise ein) la bonne solution.*

1. Julien est un garçon `que` `qui` `où` est dans la même classe que Léo.

2. Ils trouvent `ce` `cet` `ces` garçon très sympa.

3. Les élèves ne savent pas encore dans `quelle` `quel` `quels` classe ils sont.

4. Derrière Julien, il y a deux filles `qui` `que` `où` regardent leurs livres.

5. `Cet` `Cette` `Ce` fille à droite est la fille `que` `qui` `où` habite à côté de ma maison.

6. Voilà la cantine `que` `qui` `où` es élèves mangent à midi.

B *Complète avec **qui** ou **quel**.*

1. _____ est la fille _____ pense que Julien est une star? – C'est Alex.

2. _____ garçon est en colère parce qu'il n'est pas dans la même classe que son copain? – C'est Léo.

3. A _____ endroit est-ce que Léo et Alex retrouvent Marie? – Ils retrouvent Marie à la cantine.

C *Trouve les formes de **savoir** et de **connaître** et ajoute les pronoms.*

1. vasosn _____ _____   **3.** vazes _____ _____

2. sainnoc _____ _____   **4.** tais _____ _____

3. sonacnisons _____ _____   **5.** acinsosnten _____ _____

Ich kann schon …	☺	GBH	Lerntipps
… das Verb **savoir** verwenden.	ᴗᴗ	G 1	Merke dir bei den Pluralformen von **savoir** das **v** vor der Endung: *nous savons, vous savez, ils savent.*
… das Verb **connaître** verwenden.	ᴗᴗ	G 2	Denke daran: Das Verb **connaître** hat vor **t** immer einen *accent circonflexe (connaître, il connaît).*
… den Fragebegleiter **quel** verwenden.	ᴗᴗ	G 3	**Quel** richtet sich nach dem Nomen, nach dem gefragt wird. Es wird immer in Geschlecht und Zahl an das Nomen angeglichen: *quel ami, quelle fille, quels garçons, quelles copines?*
… die Relativpronomen **qui**, **que**, **où** verwenden.	ᴗᴗ	G 4	Schau dir genau an, ob das Relativpronomen Subjekt oder Objekt des Satzes ist. Ist es Subjekt (Frage: wer, was?) folgt danach immer direkt das Verb: *Le garçon qui joue dans la rue. / La fille que j'ai rencontrée.*
… den Demonstrativbegleiter **ce** verwenden.	ᴗᴗ	G 5	Merke dir: **ce** und **ces** reimen sich mit dem bestimmten Artikel *(le, les)*. Nur bei **cette** musst du aufpassen. le ⟶ ce la ⟶ cette les ⟶ ces

60 Le verbe *voir*

→ Das Verb **voir** G 6

Raye (streiche durch) les lettres inutiles et trouve les formes du verbe voir.

Je		a	v	v	o	t	i	t	i	s
Tu		o	v	o	i	s	v	i	s	o
Il/elle/on		v	i	t	o	i	t	s	o	v
Nous		v	o	i	y	e	o	t	n	s
Vous		v	v	o	l	a	y	v	e	z
Ils/elles		a	v	i	o	i	t	e	n	t

61 Des verbes mystérieux …

→ Das **Participe passé** unregelmäßiger Verben G 7

*Trouve le **participe passé** des verbes, puis relie (verbinde) l'infinitif au participe passé.*

1. être   mdéande   _____
2. demander   lup   _____
3. avoir   us   _____
4. pleuvoir   tréci   _____
5. écrire   ue   _____
6. savoir   téé   _____

62 La journée d'un vampire

→ Das **Participe passé** unregelmäßiger Verben G 7

*Complète le texte avec les formes correctes du **participe passé** des verbes donnés.*

Ce matin, j'ai _____ la porte[1] de mon souterrain! J'ai _____   ouvrir / mettre

mon anorak et j'ai _____ un café. Dans les couloirs des catacombes,   prendre

j'ai _____ des bruits! Génial: j'ai _____ des enfants!   entendre / voir

J'adore les enfants … J'ai _____ la visite avec eux hier. Les élèves ont   faire

bien _____ l'histoire de cet endroit. Super, ce guide! Depuis 150 ans,   comprendre

j'ai _____ ici des guides très nuls. Pendant la visite, tout à coup, j'ai   connaître

_____ très faim. Les enfants ont _____ très sympas,   avoir / être

ils m'ont donné un gros sandwich avec du ketchup. Miam-miam … J'adore le ketchup!!

_____
1 la porte die Tür

63 Dans le métro

→ Die Verben auf **-dre** G 8

*Regarde l'histoire et conjugue les bons verbes au **présent**, puis au **passé composé**.*

attendre   ne pas entendre   perdre   ne pas répondre   descendre

1a. Une dame _____ son livre et un monsieur l'appelle.

1b. Une dame _____ son livre et un monsieur l'a appelée.

2a. Mais elle _____ et _____ .

2b. Mais elle _____ et _____ .

3a. Elle _____ dans le métro.

3b. Elle _____ dans le métro.

4a. Alors, le monsieur _____ dans le parc et lit le livre.

4b. Alors, le monsieur _____ dans le parc et a lu le livre.

64 Trouve la paire!

→ Das **Participe passé** und die Verben auf **-dre** G 7, 8

Trouve les bonnes traductions et complète la grille.

1. es hat geregnet	**9.** du hast verloren	**A.** ils ont ouvert	**I.** il a été
2. sie haben gehabt	**10.** du hast gewartet	**B.** il a écrit	**J.** elle a entendu
3. du hast gesehen	**11.** ich habe gewusst	**C.** tu as attendu	**K.** j'ai compris
4. sie hat gekannt	**12.** ich habe verstanden	**D.** nous avons lu	**L.** elle a connu
5. sie hat gehört	**13.** er ist gewesen	**E.** tu as perdu	**M.** vous avez vu
6. wir haben gelesen	**14.** er hat geschrieben	**F.** tu as vu	**N.** ils ont eu
7. ihr habt gesehen	**15.** sie haben geöffnet	**G.** j'ai su	**O.** nous avons pris
8. sie hat gemacht	**16.** wir haben genommen	**H.** elle a fait	**P.** il a plu

1.	2.	3.	4.	5.	6.	7.	8.	9.	10.	11.	12.	13.	14.	15.	16.
P															

Tout compris?

A *Traduis les phrases en français au **passé composé**.*

1. Ich habe gerufen und sie hat geantwortet. _____

2. Ich habe ihn nicht verstanden. _____

3. Wir haben die Tür aufgemacht. _____

4. Ich habe gelesen, weil es geregnet hat. _____

B *Coche la ou les bonne(s) réponse(s).*

1. Il **?** à Paris.
- [ ] pleut
- [ ] plus
- [ ] a plu

2. Tu **?** l'exercice?
- [ ] as compris
- [ ] comprenons
- [ ] compris

3. Ils **?** leur père demain.
- [ ] veut
- [ ] vont
- [ ] voient

4. Nous **?** la tour Eiffel.
- [ ] vois
- [ ] voyons
- [ ] vont

5. Tu **?** la sortie?
- [ ] vois
- [ ] as vu
- [ ] vas

6. Il **?** toujours ses affaires.
- [ ] perd
- [ ] part
- [ ] prends

7. Il m'appelle et je **?**
- [ ] reprend
- [ ] réponds
- [ ] répond

8. Mais **?** ! J'arrive!
- [ ] attends
- [ ] attend
- [ ] attendez

9. Vous **?** le bruit?
- [ ] avez entendu
- [ ] entendez
- [ ] entendent

C *Mets les verbes au **passé composé**.*

1. je vois _____

2. tu réponds _____

3. il écrit _____

4. nous avons _____

5. vous faites _____

6. elles sont _____

Ich kann schon …	☺	GBH	Lerntipps
… das Verb **voir** verwenden.	☺	G 6	Wenn du ein neues Verb lernst, kannst du die Formen auf Klebezettel schreiben und zu Hause auf deinen Schreibtisch kleben.
… das **Participe passé** unregel-mäßiger Verben verwenden.	☺	G 7	Du kannst dir die Partizipien mit einfachen Reimen merken: *Tu as ouvert le carton vert. / Elle a compris, super Marie!*
… die Verben auf **-dre** verwenden.	☺	G 8	Lerne die Endungen zu diesen Verben und alle Infinitivformen zusammen. (répondre – perdre – attendre – entendre)

65 On peut ou on veut?

→ Die Verben **vouloir** und **pouvoir** G 9, 10

*Trouve les formes des verbes **vouloir** et **pouvoir**. Ajoute les pronoms.*

je/tu

P	E	U	X		
			L		
		U	V		T
P				E	

V			T		
P				O	
V			X		
			L		T

66 Quand on veut, on peut!

→ Die Verben **vouloir** und **pouvoir** G 9, 10

*Complète le texte avec la bonne forme de **vouloir** ou **pouvoir**.*

Manon **v**_____ avoir des bonnes notes dans son bulletin, mais elle ne travaille pas bien. Alors, Arnaud et

Zoé **v**_____ aider Manon à avoir la moyenne.

Arnaud: Ecoute, Manon. Zoé **p**_____ faire l'exposé d'histoire-géo avec toi et je **p**_____

chercher des informations sur Internet. Nous **p**_____ commencer ce soir si tu as le temps.

Manon: Oh, c'est sympa, mais ce soir, je **v**_____ aller au cinéma. Et demain, c'est mon anniversaire. Je fais

une fête. Vous **p**_____ venir jeudi si vous **v**_____ . Ah, non! Jeudi, je vais à la piscine, mais on

p_____ travailler vendredi de 17 à 18 heures, d'accord?

67 Pouvoir ou savoir?

→ Die Verben **savoir** und **pouvoir** G 1, 10

*Complète les phrases avec la bonne forme de **savoir** ou **pouvoir**.*

1. J'en ai marre! Je ne _____ pas aller sur Internet: mon ordinateur

   a un problème.

2. Alex ne _____ pas faire de sport aujourd'hui: il est à l'infirmerie.

3. Tu veux danser avec moi?

   – Désolé, mais je _____ danser le rock, mais pas le tango …

4. Mes grand-parents ne _____ pas parler l'allemand.

5. Désolé, mais nous ne _____ pas venir avec toi demain: nos grands-parents sont là.

6. Ma petite sœur ne _____ pas encore faire du vélo. C'est normal, elle a 3 ans.

> **TIPP**
>
> Vergiss nicht: **Savoir** hat die Bedeutung von „können" im Sinne von „wissen, wie es geht".

68 Tu veux venir avec moi?

→ Das Verb **venir** G 11

*Complète le texte avec les formes de **venir**.*

Mehdi: Vous _____ à la cantine avec moi?

Sarah: Non, nous ne _____ pas avec toi.

Gabriel: Je ne _____ pas. Je ne peux pas _____ parce que je mange à la maison.

Mais Mehdi, Sarah, _____ avec moi! Aujourd'hui, c'est mercredi et ma mère prépare des crêpes.

Léo et Alex _____ aussi.

Mehdi: Des crêpes? Super! Alors Sarah, tu _____?

69 L'exercice est fini?

→ Das **Passé composé** mit être G 12

*Coche le bon **participe passé**. Attention, il y a une fois deux bonnes solutions.*

1. Patrick est **?** dans la cour. ☐ tombé ☐ tombés ☐ tombée

2. Les filles sont **?** à cinq heures. ☐ rentré ☐ rentrées ☐ rentrés

3. Marie est **?** à la fête. ☐ venu ☐ venue ☐ venus

4. Marc et Sophie sont **?** du bus. ☐ descendu ☐ descendues ☐ descendus

5. Les cadeaux de mamie sont **?** dans le train. ☐ restés ☐ restées ☐ restée

6. La classe est **?** du voyage en France. ☐ revenu ☐ revenue ☐ revenus

7. Les élèves de la classe sont **?** à l'école. ☐ retournés ☐ retourné ☐ retournées

70 A la piscine

→ Das **Passé composé** mit être G 12

*Complète le texte au passé composé avec la bonne forme du verbe **être** et le **participe passé**.*

Samedi, les copains _____ à la piscine. Mehdi et Julien	aller
_____ les premiers et Marie et Alex	arriver
_____ un peu plus tard. *Marie:* «Zut, mon maillot de bain[1]!»	arriver
Son sac de piscine _____ sur son lit, alors Marie	rester
_____ à la maison avec Sacha en vélo. Quand Marie et	rentrer
Sacha _____ à la piscine, Sacha	retourner
_____ du vélo. Ça, c'est un super samedi!	tomber

_____

1 un maillot de bain ein Badeanzug

71 Vous êtes prêts?

→ Das **Passé composé** mit **avoir** und **être** G 12

Relie (verbinde) les morceaux de phrases.
Il y a parfois plusieurs possibilités (Möglichkeiten).

1. Marie et Léa	sont	dit bonjour à Marie.
2. Louis	êtes	allés à la piscine?
3. Léo et Mehdi, vous	a	pris le bus.
4. Une dame	est	tombée dans la rue.
5. M. et Mme Guibert	ont	aimé le film.

72 Une visite

→ Das **Passé composé** mit **avoir** und **être** G 12

*Ecris le texte au **passé composé**.*
Conjugue les verbes et mets les mots dans l'ordre.

1. Hier,   la cousine de Justin   (arriver)   de Toulouse.

   _____

2. (aller)   et sa sœur   Myriam   à la gare.   Justin

   _____

3. Mais   (ne pas trouver)   ils   Julie.

   _____

4. du train.   (ne pas descendre)   Leur cousine

   _____

5. (attendre)   le prochain train.   Ils   (rester) à la gare   et

   _____

6. et   Julie (arriver)   Enfin   ils (rentrer)   à la maison.

   _____

7. Mais   ses cadeaux   (oublier)   Julie   dans le train.

   _____

Dommage …

Tout compris?

A *Complète les formes du verbe* **venir**.

je   ___ i ___ ___   nous   ___ e ___ ___ s

tu   ___ ___ ___ s   vous   ___ ___ z

il/elle/on   v ___ ___ ___ ___   ils/elles   ___ ___ n ___ ___ t

B *Complète le dialogue avec le verbe* **vouloir** *ou* **pouvoir**.

1. Tu **v**_____ aller à la fête? – Oui, mais je ne **p**_____ pas. J'ai des devoirs à faire.

2. Vous **v**_____ aller au cinéma? – Non, nous ne **v**_____ pas. Le film est nul!

3. Zoé **p**_____ aider Maxime avec ses devoirs? – Oui, mais elle ne **v**_____ pas.

4. Les garçons **p**_____ venir ce soir? – Non, ils **v**_____ faire leurs devoirs.

C *Coche le bon* **participe passé**.

1. Marie est	☐ montée	☐ monté	☐ montées	dans le train.
2. Les garçons ne sont pas	☐ allé	☐ allée	☐ allés	à la cantine.
3. Lisa et Sophie sont	☐ rentrés	☐ rentrées	☐ rentrée	du collège.
4. Vincent, tu es	☐ retourné	☐ retournée	☐ retournés	à Toulouse?
5. Chloé et Léo, quand est-ce que vous êtes	☐ arrivé	☐ arrivées	☐ arrivés	à la maison?

Ich kann schon …	☺	GBH	Lerntipps
… die Verben **vouloir** und **pouvoir** verwenden.	☺	G 9 G 10	Wenn du dir die Verben **vouloir** und **pouvoir** laut vorsprichst wie bei einem Rap, kannst du dir die Formen gut merken. Eselsbrücke: *vouloir* ⟶ *wollen*
… das Verb **venir** verwenden.	☺	G 11	Hier musst du besonders auf die unterschiedlichen Formen der 1. und 2. Person Plural achten! (*je viens, tu viens, il vient, nous venons, vous venez, ils viennent*)
… das **Passé composé** mit **être** verwenden.	☺	G 12	Denke daran: Die Partizipien der Verben der Bewegung werden beim **Passé composé** mit **être** in Geschlecht und Zahl an das Subjekt angeglichen: *Elles sont parties*.

73 On boit?

→ Das Verb **boire** G 13

*Surligne (markiere) les formes du verbe **boire** et complète la grille.*

BOITENTBOISBIBOIVENT
BOILONSBUTONSBUVEZBOIS
BUVENTBOISBUVONSBOIS

je _____ nous _____

tu _____ vous _____

il/elle _____ ils/elles _____

on a _____

74 On conjugue?

→ Unregelmäßige Verben und das Verb **boire** G 13

Ecris les verbes au présent dans la grille et trouve le mot mystère.

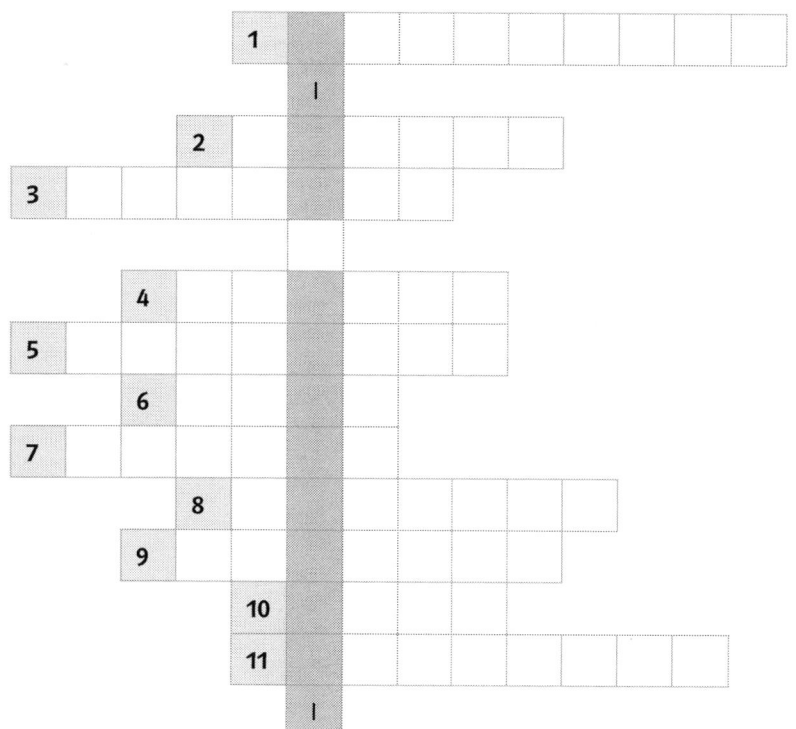

TIPP

Manche Verbformen kann man sich einfach nicht merken! Wie ärgerlich! Baue diese in lustige Beispielsätze ein und lerne sie auswendig!

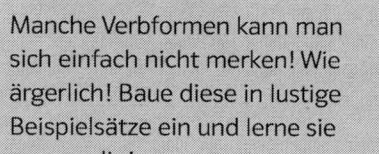
Je préfère le roller!

1. (préférer) Pour le dessert, qu'est-ce que les enfants ? : un gâteau ou des fruits?
2. (payer) Les parents font leurs courses, ils ? maintenant.
3. (acheter) Vous ? aussi des boissons?
4. (espérer) J' ? qu'ils vont venir au repas.
5. (espérer) Nous ? qu'il y a des frites à la cantine!
6. (boire) Il ? du coca après les repas.
7. (boire) Nous ne ? jamais de café.
8. (acheter) Pour l'entrée, tu ? des tomates, s'il te plaît.
9. (boire) Mes copains ? beaucoup de jus de fruit.
10. (payer) Où est papa? – Il arrive, il ? .
11. (acheter) Ma sœur et ma mère ? des yaourts.

75 A table!

→ Der Teilungsartikel G 13

Relie (verbinde) les morceaux de phrases avec la forme correcte de l'article partitif.
Il y a plusieurs possibilités (Möglichkeiten).

1. Il faut   sucre dans le gâteau.

2. Est-ce que tu as acheté   du   farine.

3. Mes parents boivent   pommes de terre?

4. Il a acheté   de la   café après les repas.

5. Je prends encore   fruits pour le dessert.

6. Les enfants ont bu   de l'   salade.

7. Je mets toujours   des   eau.

                                                                      huile d'olive dans la salade.

76 Entrée-plat-dessert

→ Der Teilungsartikel und Mengenangaben mit de G 13, 15

Entoure (kreise ein) la bonne réponse.

1. Comme entrée, je veux un peu **des** **de** **de la** salade de tomates.

2. J'ai acheté trois bouteilles **du** **de l'** **de** coca et un litre **de l'** **d'** **de la** eau.

3. Est-ce que vous prenez **de l'** **du** **de** fromage? – Non, mais je vais prendre

un peu **de** **de le** **du** dessert.

4. Les Müller achètent beaucoup **de la** **de** **des** viande pour leur fête. Ils font

aussi **des** **de** **du** frites.

5. Au petit-déjeuner, M. Legros met beaucoup **de** **du** **de l'** beurre sur son pain.

Il prend aussi trop **du** **de** **des** sucre dans son café.

6. Pour la cantine, on achète 70 kilos **des** **de** **du** pommes de terre, **des** **de** **d'** œufs

et 100 litres **d'** **de** **de la** eau.

7. Vous prenez **des** **de** **de la** moules-frites comme plat principal?

8. Mets une bouteille **de** **d'** **de l'** eau et **du** **de le** **de** pain sur la table!

9. Donne une cuillère **du** **de** **de le** yaourt à ton petit frère.

> **TIPP**
>
> Hinter **un peu, un kilo, beaucoup, pas, trop** steht immer **de**, niemals **des**.

77 Qu'est-ce qu'il faut faire pour être beau?

→ **il faut** und Mengenangaben mit **de** G 14, 15

Tu donnes des conseils (Ratschläge) à un ami pour rester en forme.
*Qu'est-ce que qu'il **faut faire** et qu'est-ce qu'il **ne faut pas faire**?*
Fais des phrases avec les mots donnés.

1. un peu – faire – sport

2. pas – manger – trop – frites

3. beaucoup – manger – légumes

4. beaucoup – boire – eau

5. beaucoup – rigoler

6. pas – boire – trop – coca

1. Il faut faire un peu de sport. .

2. _____ .

3. _____ .

4. _____ .

5. _____ .

6. _____ .

78 Des crêpes pour la fête? Oui, on en veut!

→ Mengenangaben mit **de** und das Pronomen **en** G 15, 16

Voilà les ingrédients pour faire des crêpes. Maintenant, il faut faire les courses.
*Complète le dialogue. Utilise le pronom **en**.*

Pour 20 crêpes
_____

500 g de farine
8 œufs
un litre de lait
100 grammes de beurre
2 cuillères de sucre
10 grammes de sel[1]

TIPP

Merke dir die Satzstellung.
On prend **du lait**?
– Oui, on prend **un litre de lait**.
– Oui, on **en** prend **(un litre)**.
– Non, on n'**en** prend pas.

1. On prend du beurre? – *Oui, on en prend 100 grammes* .

2. On achète du lait? – _____ .

3. Est-ce qu'on achète des œufs? – _____ .

4. On prend des citrons? – _____ .

5. Tu prends de la farine? – _____ .

6. On achète des yaourts? – _____ .

7. Tu veux du sel? – _____ .

8. Et nous prenons du beurre? – _____ .

1 **le sel** das Salz

79 On range la cuisine!

→ Mengenangaben mit **de** und das Pronomen **en** G 15, 16

Mets les mots dans le bon ordre.

1. Il y a encore du beurre?

Oui, | en | n' | plus | il | beaucoup. | mais | y | a

Oui, _____

2. Et des légumes?

Il | aller | de | marché. | tomates | au | un kilo | chercher | faut

Il _____

3. Il faut acheter du chocolat!

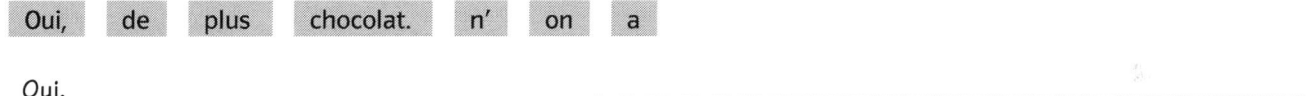

Oui, | de | plus | chocolat. | n' | on | a

Oui, _____

4. Où est l'huile d'olive?

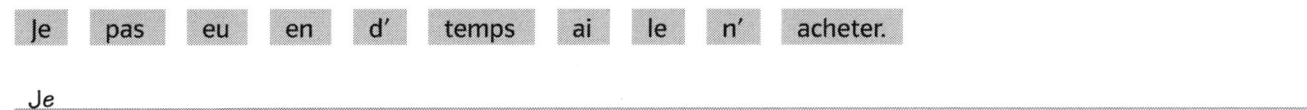

Je | pas | eu | en | d' | temps | ai | le | n' | acheter.

Je _____

80 Au restaurant!

→ Mengenangaben mit **de** und das Pronomen **en** G 15, 16

Relie les réponses et les questions.
Ecris les lettres dans les cases.

1. Vous prenez le menu à 15 ou 18 euros?

2. Qu'est-ce que vous buvez?

3. Vous prenez du fromage?

4. Aujourd'hui, nous avons des moules-frites! Vous en voulez?

5. Nous avons un gâteau au chocolat.

6. Vous prenez une entrée?

7. Et après le dessert, vous voulez un café?

A. Non merci, nous n'en buvons jamais.

B. Non merci, nous ne prenons pas d'entrée.

C. Super, c'est notre dessert préféré!

D. Non merci, nous préférons manger un peu de viande.

E. Oui, nous en prenons deux à 15 euros.

F. Deux verres de coca.

G. Oui, nous allons en prendre un petit peu.

1.	2.	3.	4.	5.	6.	7.

Tout compris?

A *Traduis en français.*

1. Man muss Wasser holen. _____ .

2. Man braucht zwei Flaschen Milch. _____ .

3. Möchtest [Willst] du noch davon? _____ .

4. Ich nehme 6 davon. _____ .

B *Coche la ou les bonne(s) réponse(s).*

1. J'aime **?** gâteaux.

☐ les ☐ du ☐ des

2. Tu veux **?** fromage?

☐ les ☐ en ☐ du

3. Je bois un litre **?** café.

☐ du ☐ en ☐ de

4. Nous achetons **?** huile.

☐ de ☐ de l' ☐ du

5. Et le coca? Tu **?** achètes?

☐ en ☐ des ☐ les

6. Il ne faut pas **?** beurre!

☐ en ☐ de ☐ le

C *Complète avec les formes du verbe* **boire***.*

1. Je _____ un café. Et vous, qu'est-ce que vous _____ ?

2. Nous ne _____ rien! Hier soir, on _____ deux litres d'eau!!

3. Tu ne _____ jamais d'eau et ton ami _____ trop de coca!

4. Mes parents ne _____ pas de vin.

Ich kann schon …	☺	GBH	Lerntipps
… den Teilungsartikel **du/de la/de l'** verwenden.	⊙⊙	G 13	Bei unbestimmten Mengen verwendet man den Teilungs-artikel: **le – du**: Je mange du chocolat / **la – de la**: Je mange de la salade. **l'/ de l'**: Je bois de l'eau.
… **il faut** + Nomen und **il faut** + Infinitiv verwenden.	⊙⊙	G 14	Man braucht **etwas**: Il faut + Nomen Man muss **etwas tun**: Il faut + Infinitiv. Merke dir dazu Beispielsätze: Il faut **faire** un gâteau. Alors il faut **des œufs**.
… Mengenangaben mit **de** verwenden.	⊙⊙	G 15	Klebe Fotos von deinen Lieblingslebensmitteln auf ein Blatt Papier und schreibe dazu passende Mengenangaben (*1 litre de, 3 bouteilles de, un peu de, beaucoup de*) und bilde Sätze.
… das Pronomen **en** verwenden.	⊙⊙	G 16	Satztraining: *J'en veux un peu. Tu n'en manges pas assez.* Schreibe Sätze auf, schneide die Wörter einzeln aus und bilde die Sätze neu. So merkst du dir den Satzbau.
… das Verb **boire** verwenden.	⊙⊙	G 17	Die Pluralformen *buvons, buvez, boivent* kann man sich so merken: *ils* boi**V**ent un **V**erre de **V**in!

81 Je t'appelle demain.

→ Die Objektpronomen **me, te, nous, vous** G 18

Complète avec le bon pronom objet **me, te, nous** *ou* **vous**.

1. Pierre, tu _____ entends?

2. Tu _____ achètes une glace?

3. Je ne _____ vois pas.

4. Ça _____ énerve!

5. Madame, je peux _____ parler?

6. Regarde ma photo! Elle _____ plaît?

82 Elle demande si ...

→ Die indirekte Rede/Frage G 20

Mets les phrases de la conversation entre Paul et Pauline au discours indirect.
Utilise les verbes **demander, dire, raconter, expliquer** *et* **répondre**.

1. J'ai envie d'aller au cinéma aujourd'hui.

   Paul dit à Pauline qu' _____ .

2. Je vais visiter les catacombes avec ma famille.

   Pauline raconte _____ .

3. Les catacombes m'intéressent aussi.

   _____ .

4. Tu veux visiter les catacombes avec ma famille?

   _____ .

5. Je viens avec toi si mes parents sont d'accord.

   _____ .

83 Comment?

→ Die indirekte Rede/Frage G 20

*Mme Legrand et M. Martin n'entendent plus très bien. Heureusement (Zum Glück), Alex est là. Retranscris les phrases au **discours indirect**.*

M. Martin: Bonjour, Mme Legrand, vous allez bien?

Alex: M. Martin demande si _____ .

M. Martin: Oui, je vais bien. Vous avez fait vos courses?

Alex: Elle dit qu'elle _____ et elle demande si _____ ?

M. Martin: Oui, j'ai acheté de la viande pour mon chat, pour le voyage.

Alex: Il dit qu'il _____ , pour le voyage.

M. Martin: Avec Minou, nous allons en Normandie demain. Je vais faire du bateau avec mes enfants.

Alex: Il dit qu' _____ . Il raconte qu'il _____

_____ .

Mamie: Ah, vous allez adorer! Je vais à Arcachon avec mon mari.

Alex: Elle dit que vous allez adorer. Elle dit qu' _____ .

M. Martin: Vous envoyez des cartes postales en vacances?

Alex: Il demande si _____ .

M. Martin: Mais non! Nous envoyons des MMS!

Alex: Elle dit que non et qu' _____ !

84 Qu'est-ce que tu dis?

→ Das Verb **dire** G 19

*Coche la bonne forme du verbe **dire**.*

1. Nous vous ? au revoir.   ☐ dit   ☐ dites   ☐ disons

2. Vous me ? toujours la même chose.   ☐ dites   ☐ disent   ☐ dis

3. Tu ne m'as pas ? que tu es sa sœur.   ☐ dit   ☐ dis   ☐ dites

4. Ils ne me ? plus rien depuis hier.   ☐ disons   ☐ dis   ☐ disent

5. On me ? que je suis courageuse.   ☐ disent   ☐ dit   ☐ dis

6. Je vous ? qu'il pleut.   ☐ dire   ☐ dis   ☐ dites

85 Tu les as vu(e)s? → Die direkten Objektpronomen **le, la, les** G 21

A *Complète avec le bon pronom objet direct **le, la, l'** ou **les**.*

1. Tu n'as pas ton skimboard? – Mais si, je ne _____ ai pas oublié!   le/l'/la

2. Regarde les vagues aujourd'hui! – Oui, je _____ ai vues! Trop cool!   l'/les/la

3. Il fait froid, il faut une combinaison[1]. – Tu as raison, je vais _____ chercher.   la/le/l'

4. Les filles ne sont pas là, c'est dommage. – C'est vrai, il faut _____ appeler.   les/l'/la

5. Qui a le ballon? – Léa va _____ chercher.   le/les/l'

B *Fais l'accord du **participe passé** quand c'est nécessaire (wenn nötig).*

TIPP
Schau genau hin. Worauf beziehen sich die Objektpronomen?

1. Je ne trouve pas mes parents. Est-ce que vous les avez vu☐ ?

2. Bordeaux est une très belle ville. Je l'ai déjà visité☐ trois fois.

3. Je pars à Paris pour voir mes nouvelles copines. Je les ai rencontré☐ sur la plage cet été.

4. Mais où est ma crêpe? Je l'ai mis☐ sur la table. – Euh… Je l'ai mangé☐, pardon!

5. Quoi? Tu ne trouves plus ton baladeur mp3? Mais je l'ai donné☐ à Pierre ce matin!

86 Une fille super! → Die Objektpronomen **me, te, nous, vous** und **le, la, les** G 18, 21

Dorian parle de sa nouvelle voisine (Nachbarin) à Victor. Mets les mots dans le bon ordre.

1. Je | parlé | fille | de | cette | super? | t' | ai.

_____

2. Elle | toujours | sommes | me | quand | jardin. | nous | dans | le | regarde

_____

3. vais | demain. | peut-être | Je | la | voir

_____

4. Ses | soir. | invités | nous | samedi | ont | parents

_____

5. Dimanche, je | t' | raconter. | un | pour | te | envoie | SMS.

_____

_____
1 **une combinaison** ein Taucheranzug

Tout compris?

A *Mets les phrases au **discours indirect**.*

1. «J'adore les chats.» → Il dit _____ .

2. «Il y a des activités dans mon hôtel?» → Elle _____ .

3. «Je vais t'envoyer une carte postale.» → Il dit _____ .

B *Coche la bonne réponse.*

1. Tu as vu la fille?
- ☐ Oui, je l'ai vu.
- ☐ Oui, je les ai vues.
- ☐ Oui, je l'ai vue.

2. Vous nous écrivez?
- ☐ Oui, nous vous écrivons.
- ☐ Oui, nous t'écrivons.
- ☐ Oui, nous nous écrivons.

3. Tu as aimé ce film?
- ☐ Oui, je les ai aimées.
- ☐ Oui, je l'ai aimée.
- ☐ Oui, je l'ai aimé.

4. Tu connais mes chiens?
- ☐ Oui, je le connais.
- ☐ Oui, je les connais.
- ☐ Oui, je leur connais.

5. Tu peux aider ta mère?
- ☐ Oui, je peux lui aider.
- ☐ Oui, je peux la aider.
- ☐ Oui, je peux l'aider.

6. Mes amis arrivent ce soir!
- ☐ Super! Je vais leur rencontrer.
- ☐ Super! Je vais les rencontrer.
- ☐ Super! Je vais la rencontrer.

C *Traduis.*

1. Sie liebt mich. _____

2. Er sieht euch. _____

3. Kennt er dich? _____

4. Er wird uns nicht vergessen. _____

D *Complète avec les formes du verbe **dire**.*

1. Qu'est-ce que vous _____ ? **2.** Je _____ qu'il va faire beau!

3. Elles ne _____ rien. **4.** Nous vous _____ tout!

Ich kann schon …	☺	GBH	Lerntipps
… die Objektpronomen **me**, **te**, **nous**, **vous** verwenden.	☺	G 18	Die Pronomen stehen vor dem konjugierten Verb. Gibt es einen Infinitiv, gehören sie vor ihn!
… das Verb **dire** verwenden.	☺	G 19	Beim Verb **dire** präge dir die Form **vous dites** ein.
… die indirekte Rede/Frage verwenden.	☺	G 20	Denke daran: que + il → qu'il que + elle → qu'elle si + il → s'il si + elle → si elle
… die direkten Objektpronomen **le**, **la**, **les** verwenden.	☺	G 21	Vor einem Vokal werden **le** und **la** zu **l'**. Bei der Verneinung werden Pronomen mit dem konjugierten Verb von *ne … pas* umklammert.

87 Tu pars où en vacances?

→ Verben auf **-ir** (Gruppe „dormir") G 22

A *C'est bientôt les vacances! Complète avec la bonne forme des verbes **partir**, **sortir** ou **dormir** au présent.*

Ludo: Ma famille et moi, nous **p**_____ chaque année à Arcachon. Quand nous **s**_____ le soir,

nous rencontrons des amis, nous discutons et nous ne **d**_____ pas beaucoup …

Maxime: Mes grands-parents ont une maison en Bretagne. Alors, j'y vais souvent. Ce n'est pas toujours très drôle

parce qu'ils **d**_____ tous les après-midis … Et quand il pleut, je ne **s**_____ pas de ma

chambre et je lis toute la journée.

Claire: Et bien moi, je ne **p**_____ pas en vacances, je reste à Paris. J'aime bien Paris en été, c'est une ville

qui ne **d**_____ jamais.

B *Complète avec la bonne forme des verbes **partir**, **sortir** ou **dormir**.*

1. Bonne nuit, les enfants … _____ bien!

2. Pour aller à la tour Eiffel, je _____ à la station de métro Passy?

– Non, vous _____ à la station Champ-de-Mars.

3. Marie et Léo, vous _____ en vacances

l'année dernière?

– Oui, nous _____ à la mer.

4. Tu es fatigué? – Oui, j'_____ 4 heures cette nuit!

5. Les enfants, vite! Le bus _____ dans 5 minutes!

88 C'est beau!

→ Die Adjektive **beau**, **nouveau**, **vieux** G 23

A *Complète avec la bonne forme des adjectifs **vieux**, **beau** et **nouveau**.*

Ce film est **?**	C'est une **?** histoire!	C'est un **?** arbre.	Ces chanteurs sont **?**	J'aime les **?** mélodies.
vieux	_____	_____	vieux	vieilles
beau	_____	bel	_____	_____
_____	nouvelle	_____	nouveau	_____

B *Complète avec la bonne forme des adjectifs **beau**, **nouveau** et **vieux**.*

1. Regarde! Voilà une **b** _____ voiture. C'est la **n** _____ voiture de M. Simon. Il adore les

   b _____ choses. Il a encore deux autres très **v** _____ voitures: une Citroën DS de 1972 et

   une **b** _____ Mercedes 200 SL. – Waouh!!

2. Et là, regarde le **n** _____ jardin de M. et Mme Legrand. Il est **b** _____ ! Tu vois le

   b _____ arbre là-bas? Je pense qu'il est très **v** _____ . – C'est vrai! Les **v** _____

   arbres sont toujours très **b** _____ !

89 Fais pas ci, fais pas ça!

→ Das Verb **devoir** G 25

Qu'est-ce qu'on doit faire et qu'est-ce qu'on ne doit pas faire ici?
*Regarde les panneaux (Schilder) et fais des phrases avec le verbe **devoir** ou **ne pas devoir**.*

1. Nous _____

_____

2. Tu _____

_____ dans le bus.

3. Vous _____

_____

4. On ne _____

_____ ici.

90 C'est dur, le travail d'un journaliste!

→ Die Verben **recevoir** und **devoir** G 24, 25

Mets les mots dans le bon ordre et mets les verbes entre parenthèses (in Klammern) à la bonne forme.

1. pour | de l'école. | le journal | nous | Aujourd'hui, | travailler | (devoir)

   _____

2. (devoir) | Théo | une interview | le prof | avec | de sport. | faire

   _____

3. les questions | Mais | il | (pas encore recevoir, *passé composé*) | des élèves.

   _____

4. Et Mehdi et Julie | (devoir) | après-midi! | l'article | écrire | cet

   _____

5. les | Si | (ne pas recevoir) | élèves | le journal | demain,

   _____ c'est la catastrophe!

Tout compris?

A *Coche la bonne réponse.*

1. Voilà un **?** hôtel!
- ☐ vieux
- ☐ bel
- ☐ nouvelle

2. Ce sont mes **?** BD.
- ☐ nouvelles
- ☐ vieille
- ☐ beaux

3. C'est une **?** chanson.
- ☐ bel
- ☐ vieille
- ☐ nouvelles

4. Il a un **?** sourire.
- ☐ nouveaux
- ☐ beau
- ☐ vieille

B *Traduis.*

1. Gestern sind wir in den Urlaub gefahren. _____

2. Heute Abend gehen wir aus. _____

3. Ich habe gut geschlafen. _____

C *Mets les mots dans le bon ordre et les mots entre parenthèses à la bonne forme.*

1. partir   (devoir)   en vacances   samedi.   Les Chabane

_____

2. (ne pas encore recevoir, passé composé)   Mais   ils   voiture.   (nouveau)   leur

_____

3. La famille Chabane   encore   (devoir)   jours.   deux   attendre

_____

Ich kann schon …	☺	GBH	Lerntipps
… die Verben auf **-ir** (Gruppe „dormir") verwenden.	☺	G 22	Merke dir die Besonderheit dieser Verben: Die erste Person Singular endet immer auf **-s**. Im **Passé composé** werden **partir** und **sortir** mit dem Hilfsverb **être** gebildet.
… die Adjektive **beau, nouveau** und **vieux** verwenden.	☺	G 23	Pass gut auf! Auch bei maskulinen Nomen im Singular musst du das vor dem Nomen stehende Adjektiv angleichen, wenn die Nomen mit einem Vokal oder „stummem h" beginnen!
… das Verb **recevoir** verwenden.	☺	G 24	Denke daran: Bei **recevoir** wird das **c** zu **ç** vor -o- und -u-, weil es sonst wie ein „k" ausgesprochen werden müsste: je reçois, j'ai reçu.
… das Verb **devoir faire qc** verwenden.	☺	G 25	Du kannst dir das Wort **devoir** merken, weil du bereits „les devoirs" als Nomen kennst. Hausaufgaben sind Aufgaben, die man erledigen muss!

91 Réfléchis!

→ Verben auf **-ir** (Gruppe „choisir") G 26

Complète avec la bonne forme des verbes donnés.

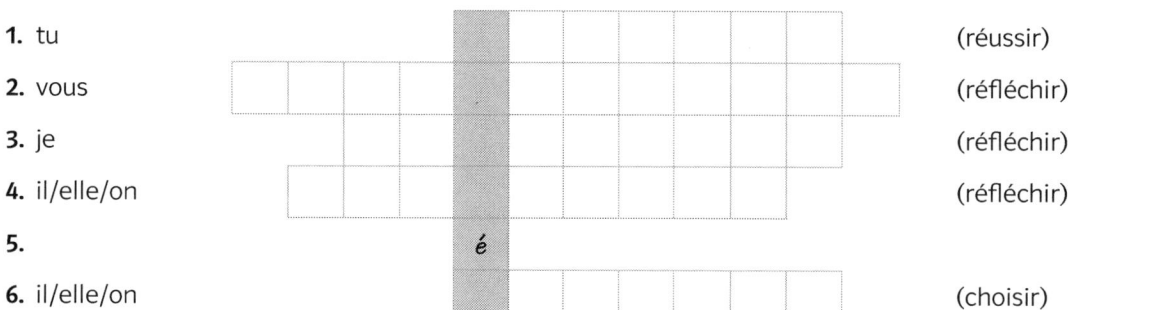

1. tu ⬚ (réussir)
2. vous ⬚ (réfléchir)
3. je ⬚ (réfléchir)
4. il/elle/on ⬚ (réfléchir)
5. ⬚ *é*
6. il/elle/on ⬚ (choisir)
7. tu ⬚ (choisir)
8. nous ⬚ (choisir)
9. ils/elles ⬚ (réussir)

___ ___ ___ ___ *é* ___ ___ ___ ___ bien!
1   2   3   4   5   6   7   8   9

92 Lui ou leur?

→ Die indirekten Objektpronomen **lui** und **leur** G 27

A *Complète avec le bon pronom objet indirect **lui** ou **leur**.*

1. Quand est-ce que tu présentes ta copine à tes parents? – Je _____ présente ma copine demain.

2. Lucas écrit un e-mail à son copain. Il _____ envoie ses photos de vacances.

3. La petite sœur de Samira a très soif. Samira _____ offre un coca.

4. Mes profs ne me comprennent jamais! – Alors, tu dois _____ expliquer tes idées.

5. Anne organise une fête d'anniversaire pour Léa. Louise _____ propose de l'aider.

B *Coche le bon pronom.*

> **TIPP**
>
> Achte auf das **à** bei der Infinitiv-Form!
> Daran erkennst du, ob es sich um ein
> indirektes Objekt handelt.

1. Théo invite <u>ses amis</u>. Il **?** invite.   ☐ l'   ☐ les   ☐ lui   ☐ leur

2. Je vais demander <u>à mes parents</u>. Je vais **?** demander.   ☐ le   ☐ lui   ☐ les   ☐ leur

3. Nous venons de parler <u>à ton prof</u>. Nous venons de **?** parler.   ☐ les   ☐ le   ☐ lui   ☐ leur

4. Tu apprends <u>la danse classique</u>? – Oui, je **?** apprends.   ☐ le   ☐ la   ☐ l'   ☐ lui

5. Thomas raconte <u>son idée</u> à son ami. Thomas **?** raconte.   ☐ le   ☐ la   ☐ l'   ☐ lui

93 Tout le monde …

*Complète avec **tout** et le bon article défini **le, la, l'** ou **les**.*

1. J'aime _____ chiens.

2. Il a fait mauvais _____ journée!

3. Regarde, je jongle avec _____ balles!

4. Voilà une photo de _____ famille de Quentin.

5. Je suis fatigué: j'ai joué au foot _____ après-midi!

6. A mon anniversaire, mes amis ont bu _____ coca!

7. C'est un champion: il a gagné _____ prix!

8. J'ai faim et soif _____ temps.

9. Comment? Tu as mangé _____ crêpes?

→ Der Begleiter **tout** G 28

TIPP

Denke daran: **tout** wird wie ein Adjektiv angeglichen.

94 Je suis plus cool que toi!

*Compare. Utilise **moins … que** (-), **plus … que** (+) ou **aussi … que** (=).*

→ **Die** Steigerung **der Adjektive** G29

1. Mon vélo est _____ ton vélo.   + *cool*

2. Ma maison est _____ ton appartement.   – *grand*

3. Mon frère est _____ ma sœur.   = *sympa*

4. Aujourd'hui, il fait _____ hier.   – *chaud*

5. Regarde, Amélie est _____ Alex.   + *fort*

6. Tu penses que le français est _____ l'allemand?   = *difficile*

95 Raconte grand-mère!

*Mets les terminaisons (Endungen) des verbes à l'**imparfait**.*

→ Die Bildung des **Imparfait** G30

Quand j'ét _____ petite, nous habit _____ dans un petit appartement dans	être / habiter
une grande ville. J'av _____ une sœur et nous dorm _____ dans la même	avoir / dormir
chambre. Mes parents ador _____ la montagne et on pass _____ tous nos	adorer / passer
étés dans un petit village dans les Alpes … Moi, je détest _____ ça parce qu'il	détester
fais _____ toujours froid là-bas. Mais il y av _____ un très beau garçon …	faire / avoir

Tout compris?

A *Traduis.*

1. Ich denke nach. _____   **2.** Beendet eure Geschichte! _____

B *Coche la bonne réponse.*

1. Noah parle à Damien. Il **?** donne son avis. ☐ lui   ☐ leur

2. Paul discute avec ses parents. Il **?** demande plus d'argent de poche. ☐ lui   ☐ leur

3. Violette téléphone à ses grands-parents. Elle **?** raconte la fête du sport. ☐ lui   ☐ leur

C *Mets les verbes entre parenthèses à l'**imparfait** et complète avec la bonne forme de **tout**.*

1. Pendant les vacances, nous _____ (aller) à la piscine _____ les matins.

2. L'après-midi, je _____ (jouer) au volley avec _____ mes copines.

3. Et mes frères _____ (faire) du skimboard _____ la journée.

D *Mets les mots dans le bon ordre.*

1. sœur Ma est que plus grande frère. ton

_____

2. Il aussi froid Allemagne. France qu' fait en en

_____

3. film est intéressant moins livre. ce Ce que

_____

Ich kann schon …	☺	GBH	Lerntipps
… die Verben auf **-ir** (Gruppe „choisir") verwenden.	☺	G 26	Merke dir die Besonderheit dieser Verben: Bei den Pluralformen gibt es ein **-ss-**: nous fini**ss**ons, vous fini**ss**ez, ils fini**ss**ent
… die indirekten Objektpronomen **lui** und **leur** verwenden.	☺	G 27	Bilde zunächst den Infinitiv des Verbs mit Anschluss, z. B. „montrer qc à qn", um zu klären, ob das Objekt direkt oder indirekt ist: **à** qn/qc = indirekt.
… den Begleiter **tout** verwenden.	☺	G 28	Vergiss nicht, dass **tout** einen weiteren Begleiter braucht, z. B. einen Artikel wie „le" oder einen Begleiter wie „ce" oder „mon".
… die Steigerung der Adjektive.	☺	G 29	Vergiss nicht, dass das Adjektiv in Geschlecht und Zahl auch an das erste Nomen angeglichen werden muss.
… das **Imparfait** bilden.	☺	G 30	Du bildest das **Imparfait**, indem du an den Stamm der 1. Person Plural des Präsens (nous) die Endungen **-ais**, **-ais**, **-ait**, **-ions**, **-iez**, **-aient** anhängst. Nur wenige Verben bilden Ausnahmen.

96 Raconte encore mamie!

⟶ **Imparfait** und **Passé composé** G31

A *Mets les verbes donnés à l'**imparfait** (imp.) ou au **passé composé** (pc).*

… Ce beau garçon, c' _____ (être, imp.)

ton grand-père. Il _____ (habiter, imp.)

dans ce village où nous _____ (passer, imp.)

tous les étés. Moi, je _____ (préférer, imp.)

la mer. Mais quand j' _____ (rencontrer, pc) papi,

tout _____ (changer, pc). Nous _____ (avoir, imp.)

17 ans et quand papi m' _____ (montrer, pc) cette magnifique nature pour la première

fois, j' _____ (changer, pc) d'avis et aujourd'hui, je _____

(ne plus quitter, pc) ma montagne depuis 50 ans.

B *Mets les verbes donnés à l'**imparfait** ou au **passé composé**.*

1. Quand Marie et Amélie _____ à Berlin, elles	arriver
_____ leurs parents.	appeler
2. Pierre _____ seul hier soir, alors il _____ au cinéma.	être / aller
3. Quand je _____ à la maison, mon vélo	rentrer
_____ là.	ne plus être
4. Je _____ un beau rêve, quand le téléphone	faire
_____ .	sonner
5. Comme le métro _____ , M. et Mme Leblanc	ne pas arriver
_____ le bus.	prendre
6. Quand nous _____ Léo pour la première fois, il	voir
_____ un jean noir.	porter
7. Mehdi et Julien _____ à l'école parce qu'ils	ne pas aller
_____ malades[1].	être

---

1 malade krank

97 **Le verbe *rire***

→ Das Verb **rire** G32

*Conjugue le verbe **rire**.*

tu _____ je _____

nous _____ il/elle/on _____

ils/elles _____ vous _____

j'ai _____

98 **Le verbe *croire***

→ Das Verb **croire** G33

*Raye (streiche) les lettres inutiles (überflüssig) et trouve les formes du verbe **croire**.*

Je		c	c	o	r	o	i	t	s	t			
Tu		r	c	r	o	i	i	s	t	s	s		
Il/elle/on		t	s	c	r	o	i	y	s	t	t	i	
Nous		c	o	r	o	i	y	o	i	n	n	s	t
Vous		r	c	o	r	o	i	y	z	e	a	i	e	z
Ils/elles		c	r	r	o	i	y	e	y	e	e	n	n	t	y

99 **Je ne veux rien faire!**

→ Die Verneinung mit **ne … rien** und **ne … personne** G34

Mets les mots dans le bon ordre.

1. dans   Je   cette   personne   connais   ne   ville.

_____

2. Marie   ne   faire.   Aujourd'hui,   veut   rien

_____

3. parc.   Hier,   le   dans   nous   avons   n'   personne   rencontré

_____

4. est-   ce   tu   que   rien   veux   manger?   Pourquoi   ne

_____

5. Pendant   soirée,   dit.   rien   ont   n'   garçons   les   la

_____

Tout compris?

A *Traduis les phrases en français.*

1. Warum lachst du? _____ .

2. Wir glauben, dass er eine Freundin hat. _____ .

3. Was glaubt ihr? _____ .

4. Die Mädchen haben den ganzen Tag gelacht. _____ .

B *Réponds aux phrases suivantes par la négation. Utilise **ne ... rien** ou **ne ... personne**.*

1. Ta mère a rencontré la prof de maths? – ___Non,___ _____

2. Vous avez déjà mangé aujourd'hui? – _____

3. Tu entends la musique? – _____

C *Mets les verbes donnés à l'**imparfait** ou au **passé composé**.*

1. Pendant que la prof _____ , Louise   parler

_____ un SMS à son copain.   envoyer

2. Léa et Marie _____ à l'école parce que les profs   ne pas aller

_____ aujourd'hui.   ne pas travailler

Ich kann schon ...	☺	GBH	Lerntipps
... das **Imparfait** und **Passé composé** verwenden.	☺	G31	Mit dem **Imparfait** drückst du etwas zeitlich Unbegrenztes aus (Wiederholungen, Hintergründe usw.). Merke dir Signalwörter wie: *souvent, chaque, tous les matins/soirs, comme toujours.* Das **Passé composé** verwendest du für zeitlich begrenzte, neu einsetzende Handlungen. Signalwörter dafür: *tout à coup, alors, ensuite, ce matin/soir* usw.
... das Verb **rire** konjugieren.	☺	G32	Die ersten beiden Buchstaben sind immer gleich (ri-), dann nur die Endungen **s-s-t-ons-ez-ent** anhängen!
... das Verb **croire** konjugieren.	☺	G33	Achte auf **y** in der ersten und zweiten Person Plural Präsens!
... die Verneinung mit **ne ... rien** und **ne ... personne** verwenden.	☺	G34	Achtung: **personne** steht nach dem **Participe passé**, **rien** jeweils davor: Je **n'**ai <u>vu</u> **personne**. Je **n'**ai **rien** <u>mangé</u>.

1 Un, une

männlich: un chien – un copain – un garçon – un chat
weiblich: une dame – une fille – une copine

2 Tu es de Paris?

A 1. Salut Julie, tu **es** de Toulouse? – Non, je **suis** de Brest. **2.** Voilà Zoé. Elle **est** de Paris. Louis **est** aussi de Paris.
B 1. Oui, elle est de Brest. **2.** Non, il est de Paris. **3.** Oui, elle est de Nice.

3 On cherche les mots.

2. la copine **3.** l'école **4.** le monsieur **5.** l'ami **6.** la rue **7.** le copain **8.** la dame

4 Un, une ou le, la, l'?

2. Qui est-ce? C'est Minou. C'est un chat. C'est le chat de Nicolas. **3.** Qu'est-ce que c'est? C'est une maison. C'est la maison d'Amélie. **4.** Qu'est-ce que c'est? C'est une affiche. C'est l'affiche de Paul.

5 Léo et Malabar

Léo est dans **le** magasin de Mme Latière avec Malabar. Il cherche **un** cahier et **une** gomme pour **l'**école. **Une** dame entre dans **le** magasin avec **un** carton. C'est Mme Truc, **l'**amie de Mme Latière. Elle arrive avec **un** chat. Malabar regarde **le** chat. «Ouah! Ouah!» *Léo:* «Malabar, viens ici!» Ah non! C'est **la** catastrophe!

6 On est de Paris.

A 1. je suis **2.** tu es **3.** il/elle est **4.** nous sommes **5.** vous êtes **6.** ils/elles sont
B 1. Elle est de Paris. **2.** Elles sont aussi de Paris. **3.** Ils sont de Strasbourg. **4.** Ils sont de Marseille.

7 Je cherche … et je trouve

A 1. regarder – je regarde – vous regardez
2. écouter – tu écoutes – ils écoutent
3. travailler – nous travaillons – on travaille
B Marie **entre** dans le magasin de Mme Latière avec Léo. Voilà Mme Latière. *Marie:* Bonjour, madame. Nous **cherchons** Alex. Elle est ici? *Mme Latière:* Oui, elle est ici avec une copine. Elles **écoutent** une chanson. Vous **aimez** aussi les chansons? *Marie:* Léo, toi, tu **aimes** le rock. Moi j'**aime** les chansons pop. *Léo:* Et moi, je **déteste** les chansons pop.

8 Qui est-ce? Qu'est-ce que c'est?

A – Bonjour, tu t'appelles comment? – **Je m'appelle** Louise. – Tu es de Paris? – Non, **je suis** de Reims. – Tu aimes Paris? – Oui, **j'aime Paris**. – Et là, qui est-ce? – **C'est** Thomas, un copain.
B 1c; **2**a; **3**e; **4**b; **5**d

Tout compris?

A – Bonjour, tu **t'appelles** comment? – Moi, je **suis** Romain. – Salut Romain. Moi, **je** m'appelle Emma. – Tu **es** de Paris? – Non, je **suis** de Toulouse. – Et là, **qui est-ce?** – C'est Julie, **une** copine. Et voilà Minou. **C'**est le chat de Julie. – Attention! Voilà **un** chien! – Oui, c'est Rex. C'est **le** chien de Thomas et **il** est bizarre …
B 1. Anne est de Toulouse. **2.** Léo travaille dans le magasin. **3.** Marie, tu cherches Alex? **4.** Oui, ils sont de Paris. **5.** Madame, vous êtes la grand-mère d'Alex? **6.** A Paris.

9 Un panier, deux paniers

Singulier: sport, fils, DVD, CD, BD, bougie, cahier, affiche
Pluriel: cadeaux, CD, BD, DVD, livres, fils, gâteaux, jeux vidéo, cartons, crayons

10 Dans la chambre de Justin, il y a …

1. Dans la chambre de Justin, il y a des crayons, un ordinateur, des livres, un stylo, un jeu vidéo et des CD.
2. Dans la chambre de Lucie, il y a un journal, des cahiers, une gomme, des stylos, un CD et des BD.

11 Voilà les chiens de Cédric.

2. Samira souffle **les** bougies sur le gâteau. **3.** C'est **l'**affiche des Fatal'z. **4.** Paul aime **les** BD. **5.** Elise est **la** sœur de Nicolas. **6.** Manon aime **les** cadeaux! **7.** Papa est dans **le** train. **8.** Thomas et Zoé sont à **l'**école.

12 Des ou les?

2. Dans une librairie-papeterie, il y a **des** journaux et **des** livres. **3. Les** parents de Lucas travaillent à Paris. **4.** Où sont **les** copains de Mathieu? **5.** Emma cherche à la FNAC **des** livres sur Paris pour sa grand-mère. **6.** Sur le DVD, il y a **des** histoires fantastiques. **7. Les** chansons de Superbus sont super!

13 Quentin, sa famille et ses amis

A mes grand-parents – **mes** parents – **ma** sœur Léa et **mon** frère Nathan – **mon** oncle et **ma** tante – **mes** cousins Damien et Maxime

B J'aime le sport. Je fais du foot avec **mon** copain Théo et **ma** copine Manon. **Mes** amis et moi, nous aimons aussi la musique. **Mon** ami Paul aime la techno et **mon** amie Laure aime la musique classique. Moi, j'aime le rock.

14 Une interview pour le journal

A 1. Tu fais du foot avec **tes** amis? **2.** Tu travailles pour l'école avec **ta** mère? **3.** Demain, c'est **ton** anniversaire, non? **4.** Et **ton** idée pour un cadeau, c'est …?
B 1. Quentin aime sa famille et ses amis. **2.** Le foot, c'est son sport. **3.** Il travaille pour l'école avec ses parents ou avec son frère. **4.** L'anniversaire de sa sœur Léa, c'est demain. **5.** Une BD, c'est son idée pour le cadeau de Léa.

15 Son/sa/ses

Paul est à la FNAC avec **son** ami Théo. Ils cherchent des livres. *Paul:* Regarde! Voilà une BD super pour **ma** sœur. Elle aime les mangas. *Fabien:* Les mangas? **Mes** frères détestent ça. Elle a quel âge, **ta** sœur?
Paul: Elle a 19 ans et elle habite avec **son** copain. Et **tes** frères? *Fabien:* Damien et Lucien, **mes** deux frères, ont 6 et 9 ans. *Paul:* Euh … Damien, Lucien et Fabien? J'aime bien **tes** parents!

16 Le verbe *avoir*

A il/elle/on a – vous avez – tu as – j'ai – ils/elles ont – nous avons
B 1. – Pierre, **tu as** un cadeau pour l'anniversaire de ta copine? – Non, mais **j'ai** peut-être une idée …
2. – **Nous** avons un cadeau super pour Elise.
– **Vous** avez un livre ou une BD?
3. – Un livre, mais Lucas et Marie, **ils** ont une BD.
– Oh zut, Alexandre, **il** a aussi une BD …

Tout compris?

A les bougies – des fils – des journaux
B 1. Alexandre cherche des livres à la FNAC.
2. Malou aime les jeux vidéo.
3. Les copains ont des cadeaux pour Lucas.
C 1. mes gommes **2.** mon oncle **3.** ma copine
4. ta sœur **5.** tes affaires **6.** ton chien **7.** son chat
8. sa chambre **9.** ses livres
D 1. Emma a un chien. **2.** Mes amis ont faim.
3. Nous avons une idée super.

17 Non!

1. Vous ne travaillez pas aujourd'hui? **2.** Ils n'habitent pas à Paris. **3.** Tu n'aimes pas les jeux vidéo? **4.** Marie n'est pas dans la cour du collège.

18 Tu regardes mes dessins?

1. richtig **2.** Tom ne discute pas avec Julie. **3.** richtig **4.** Le professeur n'est pas là aujourd'hui. **5.** Les copains ne préparent pas l'interro. **6.** Le chat ne mange pas.

19 Je cherche mes copains!

1. à l' **2.** aux **3.** à la **4.** chez **5.** au **6.** au

20 Le verbe *aller*

Je vais – tu vas – il/elle/on va – nous allons – vous allez – ils/elles vont

21 On va où?

1. Nous allons au CDI. **2.** Je vais aux toilettes.
3. Ils vont à l'infirmerie. **4.** Tu vas au gymnase.
5. Elle va à la cantine.

22 Qu'est-ce qu'on fait?

1. fais – fais **2.** faites – faisons **3.** fait – font

23 Mots croisés

2. va **3.** vont **4.** vais **5.** fais **6.** font **7.** faire **8.** faisons
11. faites **12.** allons **Le mot mystère:** catastrophes

24 Photos de famille

1. Voilà **nos** cousins et **leur** chat Sushi. **2.** Voilà **ma** mère et **ses** sœurs. **3.** Voilà **mon** chien dans **son** carton.
4. Voilà **mes** copines avec **leurs** parents. **5.** Voilà **mon** frère avec **sa** copine. **6.** Voilà **notre** maison et **nos** chats.
7. Mais où sont **vos** photos avec **vos** copains?

25 A Paris avec nos amis

1d; 2g; 3e; 4f; 5c; 6a; 7b

26 On range la chambre!

A Tom et sa sœur Rose rangent **leur** chambre. Rose: «Tom, tu ranges aussi sous **ton** lit!» Tom: «C'est peut-être **mon** lit mais ce sont **tes** affaires! Regarde! **Ton** sac et **tes** livres!» **Leurs** parents arrivent. **Leur** mère dit: «C'est la

cata dans **votre** chambre!» **Leur** père dit: «**Votre** mère et moi, nous rangeons **nos** affaires dans **notre** chambre!» La mère regarde le père: «Ah, oui? Et **ton** journal, **tes** livres et **ta/tes** BD sous **notre** lit?»
B Tom et **ses** copains trouvent un sac dans la cour du collège. Est-ce que c'est le sac de **leur** prof de sport? Non! Tom regarde dans le sac …
Son copain Anatole n'est pas d'accord. Ce ne sont pas **leurs** affaires. Tom regarde **leur** copine Louise. Louise est d'accord. Alors, Anatole et **ses** copains vont dans la salle des profs avec le sac. **Leurs** profs regardent le sac. C'est le sac de la prof de maths!

Tout compris?

A 1. Tu ne ranges pas ta chambre?
2. Les élèves ne font pas leurs exercices.
B 1. Ils vont à la maison. **2.** Tu vas aux toilettes?
3. Elles invitent leurs amies? **4.** Nous faisons un gâteau **5.** Ils font leurs exercices. **6** Il fait ses exercices.
7. Vous allez chez Mehdi? **8.** Les élèves sont au collège.
9. Ils jouent avec leur frère.
C 1. notre frère **2.** nos frères **3.** votre chien
4. vos chiens **5.** leur copine **6.** leurs copines

27 Rêves de vacances!

A *M. Deschamps:* Qu'est ce que vous **allez faire** en vacances? M. Chevalier: Moi, je **vais jouer** avec mes enfants. Et toi, Romuald, est-ce que tu **vas quitter** à Paris?
M. Martinez: Oui, je **ne vais pas passer** mes vacances ici. Je **vais aller** à Marseille chez ma sœur. Nous **allons faire** de la natation et du tennis. Et toi, Rose? Mme Petit: Moi, je **vais prendre** mon temps! Je **ne vais pas travailler**. Ça **va être** super!
B 1. Anne **va jouer** au football/**faire du foot** avec ses **copains. 2.** Léa et Eva **vont faire du roller** dans le parc.
3. Anatole et Tom **vont manger des crêpes. 4.** Félix **va faire du judo.**

28 Maintenant on range!

2. Est-ce que vous faites du judo?/de l'athlétisme?
3. Céline? Elle est au théâtre./aux toilettes./au judo?/ au stand de crêpes?/à la cantine.
4. Où est-ce que tu fais du judo?/de l'athlétisme?
5. On va au théâtre./au judo?/aux toilettes./à l'école à pied./à la cantine./au stand de crêpes?
6. Voilà le CD des «Fanatic Moustik's».
7. Quoi? Ta grand-mère fait du judo?/de l'athlétisme?
8. Avant l'interro, il va aux toilettes./à la cantine.
9. Est-ce que nous allons au judo?/au stand crêpes?/ à l'athlétisme?

29 Les photos de grand-mère

Voilà les photos **de la** grand-mère de Paul. Paul et sa sœur Emma regardent les photos. *Emma:* Voilà la photo **des** parents de grand-mère. *Paul:* Et là, c'est le chien **du** père de grand-mère. Il s'appelle Luigi. Et ça, c'est une photo **de l'**appartement de grand-mère. *Emma:* Et voilà une photo **de la** copine de grand-mère! C'est Juliette Beaufils! *Paul:* Oh, regardez la photo **des** garçons, qui est-ce? Le garçon derrière grand-mère, c'est grand-père?
Mamie: Euh … non! *Emma:* Ah, c'est une photo **du** premier copain de grand-mère! Mais oui, regarde, c'est le frère **de l'**amie de grand-mère! Il y a des surprises dans ces photos!

30 Regarde!

2. Cherchons ensemble! **3. Prends** un croissant! **4. Va** à l'infirmerie! **5. Range** ta chambre! **6. Jouez** avec moi!

31 Ne fais pas ci, ne fais pas ça!

Ne téléphone pas à tes amis et **ne joue pas** trop à l'ordinateur ce soir. Et **ne quitte pas** l'appartement! Il y a des spaghettis pour toi et ta sœur dans la cuisine, mais Clara et toi, **ne mangez pas** les gaufres et **ne faites pas** de crêpes. Et **ne regardez pas** la télé et **n'allez pas** au lit trop tard!! On rentre à 22 heures.

32 Oui ou non?

1. Est-ce que tu fais du judo avec moi?
2. Est-ce que nous allons à la cantine à midi?
3. Est-ce que Léo mange une crêpe dans le parc?
4. Est-ce que tes parents arrivent à 15 heures?

33 Qui, où, quand, comment . . .

A 1. Pourquoi **2.** Où **3.** Qu' **4.** Comment **5.** Avec
6. Quand
B 1. Comment est-ce que tu t'appelles? **2.** Qu'est-ce que tu fais ici? **3.** Pourquoi est-ce que tu es ici? **4.** Quand est-ce que tu rentres?

34 Encore des questions . . .

2. Où est-ce que tu habites? **3.** Est-ce que tu aimes ton collège? **4.** Qu'est-ce que tu fais après l'école? **5.** Comment est-ce que tu rentres? **6.** Quand/A quelle heure est-ce que tu fais tes devoirs?

35 Le verbe *prendre*

Il/elle/on prend – vous prenez – tu prends – je prends –
ils/elles prennent – nous prenons

36 Au stand de crêpes

– Bonjour, je **prends** une crêpe et ma sœur **prend** une
gaufre, s'il vous plaît. – Vous **prenez** aussi un café ou un
coca? – Non, nous **prenons** deux cocas. Merci!
– Deux cocas? Thomas, **prends** un jus d'orange! Et toi
aussi, Sarah, tu **prends** un jus de d'orange. – Quoi? Mais
je déteste les oranges, maman!! Je fais une allergie aux
oranges … – Ah, une allergie? Alors, monsieur, mes en-
fants **prennent** deux eaux minérales, s'il vous plaît …

Tout compris?

A 1. Aujourd'hui, je vais manger à la cantine.
2. Mes amis vont arriver à 19 heures.
B 1. du **2.** des **3.** à l'
C 1. mangez **2.** Prenons **3.** Ne fais pas
D Quand est-ce que tu vas à l'école? Est-ce que nous
faisons du sport aujourd'hui?

37 Les grandes vacances

1. D'abord, j'**ai rangé** ma chambre.
2. Après, ma mère **a préparé** mes affaires et mon père **a
fait** mon sandwich pour le voyage.
2. Dans le train, j'**ai rencontré** une fille super jolie. Nous
avons discuté pendant des heures, puis la fille **a de-
mandé**: «Tu veux mon numéro[1]?» Alors, elle **a donné** son
numéro de portable.
3. A Bordeaux, j'**ai retrouvé** mes copains. J'arrive chez
Lucas et là, zut!!! J'**ai oublié** mon portable dans le train!
Les vacances commencent bien …

38 Tu as demandé à Léo?

1. Je n'ai pas rangé ma chambre.
2. Tu as retrouvé ton joli pantalon vert?
3. Nous n'avons pas donné le cadeau à Alex.
4. Elle a montré son joli quartier à ses copains.
5. Vous n'avez pas demandé un CD au chanteur.

39 C'est bon?

2. Est-ce que le gâteau est **bon**?/Oui, c'est un **bon gâteau**.
3. Est-ce que l'idée est **mauvaise**?/Oui, c'est une **mauvai-
se idée**. **4.** Est-ce que la casquette est **petite**?/Oui, c'est
une **petite casquette**. **5.** Est-ce que les filles sont **jolies**?/
Oui, ce sont des **jolies filles**.

40 Au marché aux puces

1. des grandes chaussures rouges **2.** un chapeau noir
et bizarre/blanc **3.** des jolis T-shirts verts **4.** une petite
guitare jaune **5.** une longue chemise blanche/bizarre
6. une grande bougie noire **7.** des livres intéressants

41 Direct ou indirect?

1. Indirektes Objekt **2.** Direktes Objekt **3.** Direktes Ob-
jekt. **4.** Indirektes Objekt **5.** Direktes Objekt **6.** Indirek-
tes Objekt

42 Une histoire bizarre …

1. Un monsieur raconte une histoire **aux** enfants: Un soir,
un homme rencontre – le diable. Le diable donne –
un cadeau **à** l'homme. L'homme ne raconte pas – son
histoire **à** ses amis. Mais il montre – le cadeau **à** sa
femme. Un soir, la femme rencontre – le diable aussi.
Elle parle **au** diable. «Vous avez aidé – mon homme.
Merci beaucoup!», dit la femme. Le diable dit alors:
«Mais, Madame, j'aime faire des cadeaux aux femmes
aussi.» Il donne – sa main **à la** femme et ils dansent.

43 Le verbe *mettre*

Il/elle/on met – vous mettez – tu mets – je mets –
ils/elles mettent – nous mettons

Tout compris

A 1. Nous donnons le livre au prof. **2.** Il raconte une his-
toire aux enfants. **3.** Je téléphone à mon frère./J'appelle
mon frère.
B 1. blanche **2.** super – intéressantes **3.** triste – longue.
4. cool – noires. **5.** bons – mauvais **6.** contentes – jolies
– tristes
C 1. J'ai fait mes devoirs. **2.** Vous avez dansé? **3.** Nous
avons rencontré des gens. **4.** Les filles ont parlé aux
garçons.

44 Le verbe *lire*

Je lis – tu lis – il/elle/on lit – vous lisez – nous lisons –
ils/elles lisent **Solution:** livres

45 Tu lis? – Mais, oui!

– Qu'est-ce que vous **lisez** à la maison? – Nous, on **lit**
des BD … – Oui, nous **lisons** *Astérix* et aussi *Titeuf*.
– Et mes parents **lisent** le journal ou des livres.
– Et toi, Pierre? Qu'est-ce que tu **lis**?
– Moi, je ne **lis** pas. J'écris …

46 Le verbe *écrire*

Il/elle/on écrit – vous écrivez – tu écris – j'écris – ils/elles écrivent – nous écrivons

47 Tu aimes lire ou écrire?

1. Anne et Léo lisent la carte d'Elise. **d**
2. Tu écris une carte postale à Mme Souris? **a**
3. Papa lit le journal dans son lit. **e**
4. Nous lisons une carte de Louison. **c**
5. Vous lisez la BD d'Alizée. **b**

48 Il y a beaucoup de chats?

2. Il y a beaucoup d'élèves, mais il n'y a pas de professeur. **3.** Il y a beaucoup de garçons, mais il n'y pas de filles. **4.** Il y a beaucoup de touristes, mais il n'y a pas de bus. **5.** Il y a beaucoup de clés USB, mais il n'y a pas d'ordinateur.

49 Sur la tour Eiffel

1. A la tour Eiffel, il y a peu de touristes. **2.** Mais aujourd'hui, le papa de Léo ne fait plus d'interviews. **3.** Léo n'a pas envie de rester sur la tour Eiffel. **4.** Il a mangé trop de crêpes. **5.** Maintenant, il a envie de prendre beaucoup de jus de pomme.

50 Gaspard et Lilou

2. Il ne téléphone pas à sa mamie. **3.** Il ne mange rien. **4.** Il n'a plus envie de faire du sport. **5.** Il ne regarde pas ses photos des vacances. **6.** Lilou, sa copine, n'est plus dans son école.

Tout compris?

A 1. lit **2.** écrivent **3.** lire
B 1. Baptiste ne va plus au collège.
2. Lilou ne fait pas ses devoirs. **3.** Zoé n'oublie rien.
4. Théo n'aime pas l'école.
C 1. beaucoup de CD. **2.** trop d'interviews.
3. envie de travailler.

51 Tu sais faire l'exercice?

A tu sais – nous savons – ils/elles savent – je sais – il/elle/on sait – vous savez
B 1. sais – sais **2.** savent **3.** savez **4.** savoir
5. sait – savons **6.** sait

52 Le verbe *connaître*

A je/tu connais – il/elle/on connaît – nous connaissons – vous connaissez – ils/elles connaissent
B Il y a un nouveau au collège, il s'appelle Julien. Lucas ne **connaît** pas encore Julien, mais ses deux copains, Nathan et Ben, **connaissent** déjà le nouveau.
Lucas: Vous **connaissez** le nouveau? *Nathan:* Oui, nous **connaissons** Julien parce qu'il habite dans notre quartier. Mais Lucas, tu **connais** aussi Julien, c'est le frère de la jolie fille aux yeux verts, Manon. *Lucas:* Manon? … euh … non je ne **connais** pas de Manon …

53 Savoir ou connaître?

1. Vous **savez** où Marie fait du sport? **2.** Tu **connais** l'ami de Mehdi? **3.** Lucien **sait** à quelle heure le train arrive? **4.** Vous **connaissez** Mme Latière? **5.** Léa et Marie **savent** jouer au foot? **6.** Jérôme **connaît** déjà Julien?

54 Baptiste, un garçon sympa

A 1. Quel **2.** Quels **3.** Quelle **4.** Quelles
B 1. Tu as quel âge? **2.** Tu habites dans quelle ville?
3. Tu vas dans quel collège? **4.** Tu lis quelles BD?
5. Tu aimes (bien) quel acteur?

55 Tu aimes cet exercice?

1. Ce **2.** cet **3.** Ces **4.** ces **5.** cette **6.** cet

56 Encore des questions!

1. ces – Quelles **2.** Quel – ce – Quel **3.** ces – Quels
4. ces – Quels **5.** cette – Quelle **6.** cet – Quel

57 Adrien, tu es bête!

1. qui **2.** que **3.** où **4.** qui **5.** qu' **6.** que

58 Dans le magasin de Mme Latière

1. Voilà le magasin où Mme Latière travaille.
2. Je veux le stylo bleu qui est sur la table.
3. Tu trouves les livres que tu cherches?
4. La robe qu'elle porte n'est pas jolie.
5. Voilà la fille que je déteste.

59 Tu sais faire des phrases?

1. que **2.** Quelles **3.** qui **4.** Quel(s) **5.** quelle **6.** que

Tout compris?

A **1.** qui **2.** ce **3.** quelle **4.** qui **5.** Cette – qui **6.** où
B **1.** Qui/Quelle – qui **2.** Quel **3.** A quel
C **1.** nous savons **2.** je/tu connais **3.** nous connaissons **4.** vous savez **5.** il/elle sait **6.** ils/elles connaissent

60 Le verbe *voir*

je vois – tu vois – il/elle/on voit – nous voyons – vous voyez – ils/elles voient

61 Des verbes mystérieux

1. être – été **2.** demander – demandé **3.** avoir – eu
4. pleuvoir – plu **5.** écrire – écrit **6.** savoir – su

62 La journée d'un vampire

Ce matin, j'ai **ouvert** la porte de mon souterrain! J'ai **mis** mon anorak et j'ai **pris** un café. Dans les couloirs des catacombes, j'ai **entendu** des bruits! Génial: j'ai **vu** des enfants! J'adore les enfants. J'ai **fait** la visite avec eux hier. Les élèves ont bien **compris** l'histoire de cet endroit. Super, ce guide! Depuis 150 ans, j'ai **connu** ici des guides très nuls. Pendant la visite, tout à coup, j'ai **eu** très faim. Les enfants ont **été** sympas, ils m'ont donné un gros sandwich avec du ketchup. Miam-miam …

63 Dans le métro

1. perd – a perdu **2.** Mais elle n'entend pas et ne répond pas. – Mais elle n'a pas entendu et n'a pas répondu. **3.** Elle descend dans le métro. – Elle est descendue dans le métro. **4.** attend – a attendu

64 Trouve la paire!

1	2	3	4	5	6	7	8
P	N	F	L	J	D	M	H
9	**10**	**11**	**12**	**13**	**14**	**15**	**16**
E	C	G	K	I	B	A	O

Tout compris?

A **1.** J'ai appelé et elle a répondu. **2.** Je ne l'ai pas compris.
3. Nous avons ouvert la porte. **4.** J'ai lu parce qu'il a plu.
B **1.** pleut – a plu **2.** as compris **3.** voient **4.** voyons
5. vois – as vu **6.** perd **7.** réponds **8.** attends – attendez
9. avez entendu – entendez

C **1.** j'ai vu **2.** tu as répondu **3.** il a écrit **4.** nous avons eu **5.** vous avez fait **6.** elles ont été

65 On peut ou on veut?

Je/tu veux – nous voulons – ils/elles peuvent – vous pouvez – il/elle/on veut – nous pouvons – je/tu veux – ils/elles veulent

66 Quand on veut, on peut!

Manon **veut** avoir des bonnes notes dans son bulletin, mais elle ne travaille pas bien. Alors, Arnaud et Zoé **veulent** aider Manon à avoir la moyenne.
Arnaud: Ecoute, Manon. Zoé **peut** faire l'exposé d'histoire-géo avec toi et je **peux** chercher des informations sur Internet. Nous **pouvons** commencer ce soir si tu as le temps. *Manon:* Oh, c'est sympa, mais ce soir, je **veux** aller au cinéma. Et demain, c'est mon anniversaire. Je fais une fête. Vous **pouvez** venir jeudi si vous **voulez**. Ah, non! Jeudi, je vais à la piscine, mais on **peut** travailler vendredi de 17 à 18 heures, d'accord?

67 Pouvoir ou savoir?

1. peux **2.** peut **3.** sais **4.** savent **5.** pouvons **6.** sait

68 Tu veux venir avec moi?

Mehdi: Vous **venez** à la cantine avec moi?
Sarah: Non, nous ne **venons** pas avec toi.
Gabriel: Je ne **viens** pas. Je peux pas **venir** parce que je mange à la maison. Mais Mehdi, Sarah, **venez** avec moi! Aujourd'hui, c'est mercredi et ma mère prépare des crêpes. Léo et Alex **viennent** aussi.
Mehdi: Des crêpes? Super! Alors Sarah, tu **viens**?

69 L'exercice est fini?

1. tombé **2.** rentrées **3.** venue **4.** descendus **5.** restés
6. revenue **7.** retourné(e)s

70 A la piscine

Samedi, les copains **sont allés** à la piscine. Mehdi et Julien **sont arrivés** les premiers et Marie et Alex **sont arrivés** un peu plus tard. *Marie:* «Zut, mon maillot de bain!» Son sac de piscine **est resté** sur son lit, alors Marie **est rentrée** à la maison avec Sacha en vélo. Quand Marie et Sacha **sont retournés** à la piscine, Sacha **est tombé** du vélo.

71 Vous êtes prêts?

1. Marie et Léa ont pris le bus./ont aimé le film./ont dit bonjour à Marie. **2.** Louis a pris le bus./a aimé le film./a dit bonjour à Marie. **3.** Léo et Mehdi, vous êtes allés à la piscine? **4.** Une dame a pris le bus./a aimé le film./a dit bonjour à Marie./est tombée dans la rue. **5.** M. et Mme Guibert ont pris le bus./ont aimé le film./ont dit bonjour à Marie./sont allés à la piscine?

72 Une visite

1. Hier, la cousine de Justin est arrivée de Toulouse.
2. Justin et sa sœur Myriam sont allés à la gare.
3. Mais ils n'ont pas trouvé Julie.
4. Leur cousine n'est pas descendue du train.
5. Il sont restés à la gare et ont attendu le prochain train.
6. Enfin Julie est arrivée et ils sont rentrés à la maison.
7. Mais Julie a oublié ses cadeaux dans le train.

Tout compris?

A je viens – tu viens – il/elle/on vient – nous venons – vous venez – ils viennent
B 1. veux – peux **2.** voulez – voulons **3.** peut – veut **4.** peuvent – veulent
C 1. montée **2.** allés **3.** rentrées **4.** retourné **5.** arrivés

73 On boit?

je bois – tu bois – il/elle/on boit – nous buvons – vous buvez – ils/elle boivent

74 On conjugue?

1. préfèrent **2.** paient/payent **3.** achetez **4.** espère **5.** espérons **6.** boit **7.** buvons **8.** achètes **9.** boivent **10.** paie/paye **11.** achètent **Mot mystère:** plat principal

75 A table!

1. Il faut du sucre dans le gâteau./de la farine./des pommes de terre?/des fruits pour le dessert./de l'eau./de la salade./de l'huile d'olive dans la salade.
2. Est-ce que tu as acheté des pommes de terre?
3. Mes parents boivent de l'eau./du café après les repas.
4. Il a acheté de la farine./des pommes de terre?/des fruits pour le dessert./de l'eau./de la salade.
5. Je prends encore de la farine./des pommes de terre?/des fruits pour le dessert./de l'eau./de la salade.
6. Les enfants on bu de l'eau./du café après les repas.
7. Je mets toujours du sucre dans le gâteau./de la farine./de l'eau./de l'huile dans la salade/de la salade.

76 Entrée-plat-dessert

1. de **2.** de – d' **3.** du – de **4.** de – des **5.** de – de **6.** de – des – d' **7.** des **8.** d' – du **9.** de

77 Qu'est-ce qu'il faut faire pour être beau?

2. Il ne faut pas manger trop de frites. **3.** Il faut manger beaucoup de légumes. **4.** Il faut boire beaucoup d'eau. **5.** Il faut beaucoup rigoler. **6.** Il ne faut pas boire trop de coca.

78 Des crêpes pour la fête? Oui, on en veut!

2. – Oui, on en achète un litre. **3.** – Oui, on en achète 8. **4.** – Non, on n'en prend pas. **5.** – Oui, j'en prends 500 grammes. **6.** – Non, on n'en achète pas. **7.** – Oui, j'en veux 10 grammes. **8.** – Oui, nous en prenons 100 grammes.

79 On range la cuisine!

1. Oui, mais il n'y en a plus beaucoup.
2. Il faut aller chercher un kilo de tomates au marché.
3. Oui, on n'a plus de chocolat.
4. Je n'ai pas eu le temps d'en acheter.

80 Au restaurant!

1	2	3	4	5	6	7
E	F	G	D	C	B	A

Tout compris?

A 1. Il faut aller chercher de l'eau. **2.** Il faut deux bouteilles de lait. **3.** Tu en veux encore? **4.** J'en prends 6.
B 1. les **2.** du **3.** de **4.** de l' **5.** en **6.** de
C 1. bois – buvez **2.** buvons – a bu **3.** bois – boit **4.** boivent

81 Je t'appelle demain.

1. Pierre, tu **m'**entends? **2.** Tu **nous** achètes une glace? **3.** Je ne **vous** vois pas. **4.** Ça **m'**énerve! **5.** Madame, je peux **vous** parler? **6.** Regarde ma photo! Elle **te** plaît?

82 Elle demande si …

1. Paul dit à Pauline qu'il a envie d'aller au cinéma aujourd'hui. **2.** Pauline raconte (à Paul) qu'elle va aux catacombes avec sa famille. **3.** Paul explique (à Pauline) que les catacombes l'intéressent aussi. **4.** Pauline demande (à Paul) s'il veut visiter les catacombes avec sa familie. **5.** Paul répond (à Pauline) qu'il vient avec elle si ses parents sont d'accord.

83 Comment?

M. Martin: Bonjour, Mme Legrand, vous allez bien?
Alex: M. Martine demande si **vous allez bien.**
M. Martin: Oui, je vais bien. Vous avez fait vos courses?
Alex: Elle dit qu'elle **va bien** et elle demande si **vous avez fait vos courses?** *M. Martin:* Oui, j'ai acheté de la viande pour mon chat, pour le voyage. *Alex:* Il dit qu'il **a acheté de la viande pour son chat**, pour le voyage.
M. Martin: Nous allons en Normandie demain. Je vais faire du bateau avec mes enfants. *Alex:* Il dit qu'ils **vont en Normandie demain.** Il raconte qu'il **va faire du bateau avec ses enfants.** *Mamie:* Ah, vous allez adorer! Je vais à Arcachon avec mon mari. *Alex:* Elle dit que vous allez adorer. Elle dit qu'**elle va à Arcachon avec son mari.**
M. Martin: Vous envoyez des cartes postales en vacances? *Alex:* Il demande si **vous envoyez des cartes postales en vacances.** *M. Martin:* Mais non! Nous envoyons des MMS! *Alex:* Elle dit que non et qu'**ils envoient des MMS!**

84 Qu'est-ce que tu dis?

1. disons **2.** dites **3.** dit **4.** disent **5.** dit **6.** dis

85 Tu les as vu(e)s?

A 1. l' **2.** les **3.** la **4.** les **5.** le
B 1. vus **2.** visitée **3.** rencontrées **4.** mise – mangée
5. donné

86 Une fille super!

1. Je t'ai parlé de cette fille super? **2.** Elle me regarde toujours quand nous sommes dans le jardin. **3.** Je vais peut-être la voir demain. **4.** Ses parents nous ont invités samedi soir. **5.** Dimanche, je t'envoie un SMS pour te raconter.

Tout compris?

A 1. Il dit qu'il adore les chats.
2. Elle demande s'il y a des activités dans son hôtel.
3. Il dit qu'il va m'envoyer une carte postale.
B 1. Oui, je l'ai vue. **2.** Oui, nous vous écrivons.
3. Oui, je l'ai aimé. **4.** Oui, je les connais.
5. Oui, je peux l'aider. **6.** Super! Je vais les rencontrer.
C 1. Elle m'aime. **2.** Il vous voit.
3. (Est-ce qu')il te connaît? **4.** Il ne va pas nous oublier.
D 1. dites **2.** dis **3.** disent **4.** disons

87 Tu pars où en vacances?

A *Ludo:* Ma famille et moi, nous **partons** chaque année à Arcachon. Quand nous **sortons** le soir, nous rencontrons des amis, nous discutons et nous ne **dormons** pas beaucoup … *Maxime:* Mes grands-parents ont une maison en Bretagne. Alors, j'y vais souvent. Ce n'est pas toujours très drôle parce qu'ils **dorment** tous les après-midis … Et quand il pleut, je ne **sors** pas de ma chambre et je lis toute la journée. *Claire:* Et bien moi, je ne **pars** pas en vacances, je reste à Paris. J'aime bien Paris en été, c'est une ville qui ne **dort** jamais.
B 1. Bonne nuit, les enfants … **Dormez** bien! **2.** Pour aller à la tour Eiffel, je **sors** à la station de métro Passy? – Non, vous **sortez** à la station Champ-de-Mars.
3. Marie et Léo, vous **êtes partis** en vacances l'année dernière? – Oui, nous **sommes partis** à la mer. **4.** Tu es fatigué? – Oui, j'**ai dormi** 4 heures cette nuit! **5.** Les enfants, vite! Le bus **part/va partir** dans 5 minutes!

88 C'est beau!

A Ce film est vieux/beau/nouveau. – C'est une vieille/belle/nouvelle histoire. – C'est un vieil/bel/nouvel arbre. – Ces chanteurs sont vieux/beaux/nouveaux. – J'aime les vieilles/belles/nouvelles mélodies.
B 1. Regarde! Voilà une **belle** voiture. C'est la **nouvelle** voiture de M. Simon. Il adore les **belles** choses. Il a encore deux autres très **vieilles** voitures: une Citroën DS de 1972 et une **belle** Mercedes 200 SL. – Waouh!!
2. Et là, regarde le **nouveau** jardin de M. et Mme Legrand. Il est **beau**! Tu vois le **bel** arbre là-bas? Je pense qu'il est très **vieux**. – C'est vrai! Les **vieux** arbres sont toujours très **beaux**.

89 Fais pas ci, fais pas ça!

1. Nous devons respecter le silence./ne pas faire de bruit.
2. Vous devez tourner à droite. **3.** Tu ne dois pas manger dans le bus. **4.** On ne doit pas nager ici.

90 C'est dur, le travail d'un journaliste!

1. Aujourd'hui, nous devons travailler pour le journal de l'école. **2.** Théo doit faire une interview avec le prof de sport. **3.** Mais il n'a pas encore reçu les questions des élèves. **4.** Et Mehdi et Julie doivent écrire l'article cet après-midi! **5.** Si les élèves ne reçoivent pas le journal demain, …

Tout compris?

A 1. bel **2.** nouvelles **3.** vieille **4.** beau
B 1. Hier, nous sommes parti(e)s en vacances.

2. Ce soir, nous sortons/nous allons sortir.

3. J'ai bien dormi.

C 1. Les Chabane doivent partir en vacances samedi.

2. Mais ils n'on pas encore reçu leur nouvelle voiture.

3. La famille Chabane doit attendre encore deux jours.

91 Réfléchis!

1. tu r**é**ussis **2.** vous réfl**é**chissez **3.** je réfléchis
4. il/elle/on réfléchit **6.** il/elle/on **c**hoisit **7.** tu **c**hoisis
8. nous choisissons **9.** ils/elles réus**s**issent
Lösungswort: Réfléchis bien!

92 Lui ou leur?

A 1. leur **2.** lui **3.** lui **4.** leur **5.** lui
B 1. les **2.** leur **3.** lui **4.** l' **5.** la

93 Tout le monde ...

1. J'aime **tous les** chiens. **2.** Il a fait mauvais **toute la** journée! **3.** Regarde, je jongle avec **toutes les** balles!
4. Voilà une photo de **toute la** famille de Quentin.
5. Je suis fatigué: j'ai joué au foot **tout l'**après-midi!
6. A mon anniversaire, mes amis ont bu **tout le** coca!
7. C'est un champion: il a gagné **tous les** prix! **8.** J'ai faim et soif **tout le** temps. **9.** Comment? Tu as mangé **toutes les** crêpes?

94 Je suis plus cool que toi!

1. Mon vélo est **plus cool que** ton vélo. **2.** Ma maison est **moins grande que** ton appartement. **3.** Mon frère est **aussi sympa que** ma sœur. **4.** Aujourd'hui, il fait **moins chaud qu'**hier. **5.** Regarde, Amélie est **plus forte qu'**Alex.
6. Tu penses que le français est **aussi difficile que** l'allemand?

95 Raconte grand-mère!

Quand j'**étais** petite, nous **habitions** dans un petit appartement dans une grande ville. J'**avais** une sœur et nous **dormions** dans la même chambre. Mes parents **adoraient** la montagne et on **passait** tous nos étés dans un petit village dans les Alpes ... Moi, je **détestais** ça parce qu'il **faisait** toujours froid là-bas. Mais il y **avait** un très beau garçon ...

Tout compris?

A 1. Je réfléchis. **2.** Finissez votre histoire!
B 1. lui **2.** leur **3.** leur
C 1. Pendant les vacances, nous **allions** à la piscine **tous** les matins. **2.** L'après-midi, je **jouais** au volley avec tou-

tes mes copines. **3.** Et mes frères **faisaient** du skimboard **toute** la journée.

D 1. Ma sœur est plus grande que ton frère.

2. Il fait aussi froid en France qu'en Allemagne.

3. Ce film est moins intéressant que ce livre.

96 Raconte encore mamie!

A Ce beau garçon, c'**était** ton grand-père. Il **habitait** dans ce village où nous **passions** tous les étés. Moi, je **préférais** la mer. Mais quand j'**ai rencontré** papi, tout **a changé**. Nous **avions** 17 ans et quand papi m'**a montré** cette magnifique nature pour la première fois, j'**ai changé** d'avis et aujourd'hui, je **n'ai plus quitté** ma montagne depuis 50 ans.

B 1. Quand Marie et Amélie **sont arrivées** à Berlin, elles **ont appelé** leurs parents. **2.** Pierre **était** seul hier soir, alors il **est allé** au cinéma. **3.** Quand je **suis rentré(e)** à la maison, mon vélo **n'était plus** là. **4.** Je **faisais** un beau rêve, quand le téléphone **a sonné**. **5.** Comme le métro **n'arrivait pas**, M. et Mme Leblanc **ont pris** le bus. **6.** Quand nous **avons vu** Léo pour la première fois, il **portait** un jean noir. **7.** Mehdi et Julien **ne sont pas allés** à l'école parce qu'ils **étaient** malades.

97 Le verbe *rire*

tu ris - je ris - nous rions - il/elle/on rit - ils/elles rient - vous riez - j'ai ri

98 Le verbe *croire*

Je crois - Tu crois - Il/elle/on croit - Nous croyons - Vous croyez - Ils/elles croient

99 Je ne veux rien faire!

1. Je ne connais personne dans cette ville. **2.** Aujourd'hui, Marie ne veut rien faire. **3.** Hier, nous n'avons rencontré personne dans le parc. **4.** Pourquoi est-ce que tu ne veux rien manger? **5.** Pendant la soirée, les garçons n'ont rien dit.

Tout compris?

A 1. Pourquoi est-ce que tu ris? **2.** Nous croyons qu'il a une copine. **3.** Qu'est-ce que vous croyez? **4.** Les filles ont ri toute la journée.
B 1. Non, elle n'a rencontré personne. **2.** Non, nous n'avons rien mangé. **3.** Non, je n'entends rien.
C 1. Pendant que la prof **parlait**, Louise **a envoyé** un SMS à son copain.

2. Léa et Marie **ne sont pas allées** à l'école parce que les profs **ne travaillaient pas** aujourd'hui.